Heinz Schürmann

Jesu ureigener Tod

Heinz Schürmann

Jesu ureigener Tod

Exegetische Besinnungen und Ausblick

Herder
Freiburg · Basel · Wien

Lizenzausgabe
mit Genehmigung des St. Benno-Verlages, Leipzig

Imprimatur. – Freiburg im Breisgau, den 29. Juli 1974
Der Generalvikar: Dr. Schlund
Freiburger Graphische Betriebe 1975
ISBN 3-451-17087-6

Inhalt

Einführung

Das Kreuzesthema neu thematisch

1. Der Kreuzestod Jesu von Nazareth ist wieder ein *Thema* – „ein erstaunliches, noch vor wenigen Jahren kaum zu erwartendes Phänomen, daß sich die theologische Arbeit in beiden Konfessionen nach ihren weitschweifenden Ausflügen in das schier grenzenlose Gebiet der sozialen, gesellschaftlichen, politischen bis zu revolutionären Fragestellungen in jüngster Zeit zunehmend auf ihr ureigenes Thema, die Rede von Gott im Blick auf das Leiden und Sterben Jesu Christi, konzentriert", wobei von dem „Weg in die Weite ein reicher Schatz an Erkenntnissen, Erfahrungen und Fragestellungen in die erneute theologische Engführung" eingebracht wird[1].

a) Wenn nicht alles trügt, wird das Kreuzesthema nicht nur nebenher und für kurze Zeit das theologische Gespräch bestimmen; denn wenn es darum geht, den christlichen Glauben zeitgemäß zur Sprache zu bringen, wird es heute und in Zukunft notwendig sein, den Gottesglauben zusammen mit dem Leid der Welt zu bedenken. Das versuchen auf ihre Weise die drei großen „Weltanschauungen" bzw. „Weltreligionen", die die Menschheit heute am

[1] *H. G. Link,* Gegenwärtige Probleme einer Kreuzestheologie, in: EvTh 33 (1973) 337–345, hier 337, ein Bericht über die Herausgebertagung der Evangelischen Theologie vom 12. bis 14. Oktober 1972 in Grafrath bei Fürstenfeldbruck, die mit gleichem Thema, aber mit exegetischem Akzent einerseits, mit handlungsorientiertem andererseits 1973 fortgesetzt werden sollte. Das obengenannte Heft der EvTh „Zur Kreuzestheologie" bringt einen Teil der Referate und gibt Einblick in die derzeitige Fragestellung. Es mag erwähnt werden, daß auch die Tagung der Katholischen Neutestamentler des deutschen Sprachraumes in München 1975 sich die Kreuzestheologie als Thema gewählt hat.

wirksamsten bewegen: der atheistische Materialismus, der – in seinen östlichen und westlichen Spielformen – willens ist, Ausbeutung und Unrecht durch kämpferisches Engagement zu beseitigen, dabei das nicht gesellschaftlich verursachte Leid und den Tod letztlich nicht reflektiert und den sich als Lebens- und Denkproblem aufgebenden Gott – als für den gesellschaftlichen Kampf hinderlich – wegzudenken versucht. Gott und das Leid der Welt zusammenzudenken versuchen unterschiedlich die Religonen, die im Buddhismus (mit seinen vielen Spielarten und Derivaten, auch im abendländischen Neuplatonismus und in der Gnosis) wohl ihren Höhepunkt haben, wo in der Versunkenheit in und jenseits des Selbst der (göttliche) Weltengrund gesucht und die ungerechte und leidvolle materielle Welt als Schatten und Schein abgetan wird. Gott und das Leid: das ist auch das Problem des christlichen Glaubens (mit seiner alttestamentlichen Vorstufe), wo Gott in einem „vermenschlichten" Gottesbild (im Alten Testament)[2] und in der Menschwerdung Gottes (im Neuen Testament) durch die Selbstentäußerung und Selbsterniedrigung Gottes[3] hindurch in das leidvolle, ungerechte und sündige Menschenschicksal bis hin zum Tode, zum Tode des Sohnes Gottes am Kreuz sich offenbart: eine Möglichkeit der sich absolut engagierenden (dreifaltigen) Liebe Gottes[4], die Christen zu höchstem – wenn möglich: tätigem und, wenn nötig: leidendem – Engagement befähigen kann[5].

Die Passionsgeschichte der Menschheit hat ihren Höhepunkt und ihr Symbol in der „Erinnerung des Leidens und Sterbens (und Auferstehens) Jesu"[6]: in der Gottverlassenheit Jesu (Mk 15,34),

---

[2] Vgl. *U. Mauser*, Gottesbild und Menschwerdung. Eine Untersuchung zur Einheit des Alten und Neuen Testaments (Tübingen 1971): Die Inkarnation bereitet sich in den alttestamentlichen Anthropomorphismen vor, aber auch in einer „Theomorphie" vom Menschen.

[3] Vgl. schon alttestamentlich (s. auch die vorstehende Anm.) *A. Heschel*, Die Prophetie (s. S. 144, Anm. 40) und zwischentestamentlich *P. Kuhn*, Selbsterniedrigung (ebd.).

[4] Siehe dazu u. S. 144–149.

[5] Siehe dazu u. S. 150–155 und folgende Anm.

[6] Vgl. bes. *J. B. Metz*, Befreiendes Gedächtnis Jesu Christi (Mainz 1970); *ders.*,

in der dem christlichen Glauben – im Lichte der Auferweckung Jesu – Gott sich (trinitarisch) definiert. Es ist nicht zufällig, daß die staurologischen Besinnungen unserer Tage im Kreuz die beiden äußersten Pole zusammenzudenken suchen[7]: das Leid der Welt einerseits und die Herrlichkeit Gottes, als sich erniedrigende Liebe verstanden, andererseits, wobei die Mitte aller Kreuzestheologie: das Gericht Gottes sowie die Sünde und Schuld der Menschheit in der Gottverlassenheit Jesu über den Bereich der theologischen Fachproblematik[8] hinaus noch nicht recht in den Blick kommen. (Vielleicht wird die Menschheit zu diesen Tiefen erst wieder in einer apokalyptischen Geschichtserfahrung finden.)

b) Die Staurologie wird aber nicht nur zur Mitte der reflektierenden Theologie, die Gott (als dreifaltigen) neu zu verstehen sucht[9] und dabei das Theodizeeproblem im Blick behält, die Chri-

---

Zukunft aus dem Gedächtnis des Leidens, in: Conc 8 (1972) 399–407; *ders.*, Erinnerung des Leidens als Kritik eines teleologisch-technologischen Zukunftsbegriffs, in: EvTh 32 (1972) 333ff; *ders.*, Erlösung und Emanzipation, in: StdZ 98 (1973) 171–184; *ders.*, Art. „Erinnerung“, in: Handb. philos. Grundbegriffe I (München 1973) 386ff; *ders.*, Kleine Apologie des Erzählens, in: Conc. 9 (1973) 334–341.

[7] Zum Beispiel neben *J. B. Metz* (s. die vorstehende Anm.) charakteristisch *J. Moltmann* (s. S. 147, Anm. 49), aber auch schon *H. Urs v. Balthasar* (s. S. 145, Anm. 41) und *H. Mühlen* (s. S. 145, Anm. 41); vgl. ferner S. 143, A. 35.

[8] Am akzentuiertesten in der Luther-Renaissance lutherischer Theologie der letzten Jahrzehnte; vgl. die in EvTh 33 (1973) H. 4 (s. Anm. 1) zitierte Lit.; für die letzten Jahre besonders die Diskussion des Theologischen Ausschusses der EKU, vgl. *Fr. Viering* (Hrsg.), Zur Bedeutung des Todes Jesu. Exegetische Beiträge (von E. Käsemann, H. Conzelmann, E. Haenchen, E. Flessmann – van Leer, E. Lohse) (Gütersloh 1–2 1967); *Fr. Viering* (Hrsg.), Das Kreuz Jesu Christi als Grund des Heils (Beiträge von E. Bizer, J. F. G. Goeters, W. Schrage, W. Kreck, W. Fürst) (Gütersloh 1967; Lizenzdr. Berlin 1969); *Fr. Viering* (Hrsg.), Zum Verständnis des Todes Jesu. Stellungnahme des Theologischen Ausschusses und Beschluß der Synode der Evangelischen Kirche der Union (Gütersloh 1–3 1968); *Fr. Viering*, Der Kreuzestod Jesu. Interpretation eines theologischen Gutachtens (Gütersloh 1969, 2 1970). Im Zusammenhang mit dieser Arbeit muß auch genannt werden: *G. Delling*, Der Kreuzestod Jesu in der urchristlichen Verkündigung (Göttingen 1971).

[9] *H.-G. Link*, Probleme (s. Anm. 1) stellt als Konsens der in Anm. 1 genannten Tagung heraus: „Einig war man sich in der Beurteilung der theologiegeschichtlichen Lage, daß die Zeit des traditionellen, undialektisch (mono-)theistischen Gottesverständnisses unwiderruflich abgelaufen ist und eine durchgreifende Christianisierung des Gottesbegriffs eine der künftigen theologischen Hauptaufgaben sein

stologie staurologisch neu bestimmen möchte und gleichzeitig Anthropologie sowie Weltaufgabe gesellschaftlich und gesellschaftskritisch vom Kreuz her neu entwirft. Zumindest in den Gebieten der Christenheit, wo sie im Schatten des Kreuzes ihr armes oder ihr bedrängtes Dasein fristet, wird das Verständnis desselben erneut eine Lebenswirklichkeit: zwar keineswegs so etwas wie eine „Bewegung", wie etwa die in unseren Tagen überraschend aufbrechende, mehr österlich-pfingstlich bestimmte Charismatische Bewegung[10], die (nur selten zum Kreuzesdunkel durchdringende) Meditationsbewegung[11], die (oft propagandistisch hochgespielte) Jesus-Bewegung engagierter Jesuaner[12] einerseits, eines enthusiastischen Jesus-People's andererseits – aber doch eine nicht zu übersehende still-wirksame Lebenswirklichkeit. Man kann noch nicht sagen, was daraus wird und was von daher aus Welt und Kirche wird[13].

Mit dem Kreuzesthema scheint jedenfalls ein Thema thematisch zu werden, das eine besondere Zukunft haben dürfte, das Kirche und Welt gemeinsam angeht, insofern das Verhältnis von

---

wird. Übereinstimmung bestand ferner darin, daß weder das Leben noch die Auferweckung, sondern der beide Aspekte vermittelnde Kreuzestod Jesu Christi der entscheidende Ansatzpunkt für eine christologisch begründete und trinitarisch entfaltete, wahrhaft christliche Rede von Gott ist."

[10] Vgl. etwa *O. Simmel*, Die katholische Pfingstbewegung in den USA, in: IntkathZ 2 (1973) 148–157. Weitere Lit. bei *J. Kremer*, Begeisterung und Besonnenheit. Zur heutigen Berufung auf Pfingsten, Geisterfahrung und Charisma, in: Diakonia 5 (1974) 155–168, Anm. 3 u. 4, und bei *W. Kasper*, Einmaligkeit (s. u. S. 128 Anm. 8) 8 Anm. 19; *E. D. O'Connor*, Spontaner Glaube (Freiburg i. Br. 1974).

[11] Vgl. informierend etwa *J. Sauer*, Neues Bewußtsein durch Meditation? Methode, Motive und Ziele gegenwärtiger Meditationsbewegung, in: HerKorr 27 (1973) 304–310.

[12] Vgl. etwa *N. Greinacher* u.a. (Hrsg.), Rückfrage nach der Sache Jesu, in: In Sachen Synode (Düsseldorf 1970) 164–167; *H. G. Link*, Die Geschichte Jesu als Modell und Kritik gegenwärtiger Protestbewegungen, in: J. *Schierse* (Hrsg.), Jesus von Nazareth (Mainz 1972) 97–109; *J. Nolte*, Die Sache Jesu und die Zukunft der Kirche, ebd. 214–233. – Kritisch dagegen *W. Kasper*, Die Sache Jesu. Recht und Grenzen eines Interpretationsversuches, in: HerKorr 26 (1972) 185–189; *ders.*, Der Glaube an die Auferstehung Jesu vor dem Forum historischer Kritik, in: ThQ 153 (1973) 231–235 (gg. R. Pesch).

[13] Vgl. informierend etwa *W. Kroll*, Jesus kommt. Report der „Jesus-Revolution" und der Hippies und Studenten in USA und anderswo (Wuppertal [4]1971).

Kirche und Welt bzw. von Welt und Kirche sich hier neu orientieren wird – gewiß in einem grundsätzlichen Gegeneinander, aber doch auch in einem gespannten Zueinander, das neu geschichtsmächtig werden kann.

2. Die Situation und Sprache der neueren Jesusforschung legten den *Titel* dieses Bandes nahe.

a) Erklärungsbedürftig ist zunächst der *Obertitel:* Die Frage nach dem vorösterlichen Jesus gewinnt seit zwei Jahrzehnten in der exegetischen Forschung und in der theologischen Besinnung, aber auch im christlichen Selbstverständnis und Verhalten zunehmend an Interesse[14]. Anfangs glaubte man nur über „Jesu ureigene Worte" (die ipsissima verba Jesu)[15] einigermaßen zuverlässige Aussagen machen zu können. Es setzte sich aber immer mehr die Erkenntnis durch, wie sehr Jesu Worte von seinen Taten her verstanden werden müssen (obgleich sich natürlich letztlich seine Taten erst von seinen deutenden Worten her lichten)[16]. So wurde die Frage nach „Jesu ureigenen Taten"[17] (den ipsissima facta Jesu[18]) bedeutsam. Da der Zugang zu den ipsissima verba et facta Jesu methodisch nicht geringe Schwierigkeiten macht, fragt man mit mehr Aussicht auf Erfolg nach dem „Richtungssinn"[19] des Wirkens (und Redens) Jesu, tiefer noch nach der „ureigenen Intention" (der ipsissima intentio[20]) Jesu. Ohne Zweifel erkennen wir die Worte und Taten Jesu und seine Intention aber letztlich

---

[14] Vgl. unseren einführenden Überblick: Zur aktuellen Situation der Leben-Jesu-Forschung, in: GuL 46 (1973) 300–310, und die dort genannte Lit. Weitere ntl. Forschungsberichte bei *W. Kasper,* Einmaligkeit (s. u.) 2 Anm. 3.

[15] Deren geschichtliche Sicherung – seiner Zeit vorauseilend – im Gefolge seines Lehrers G. Dalman wesentlich die Lebensarbeit von *J. Jeremias* gilt; vgl. nun in etwa zusammenfassend: Neutestamentliche Theologie. Erster Teil: Die Verkündigung Jesu (Gütersloh 1971).

[16] Siehe dazu u. S. 66f. 98–105.

[17] So der Titel des Buches von *R. Pesch* (QD 52) (Freiburg – Basel – Wien 1970).

[18] Zum Terminus vgl. u. S. 67, Anm. 4a.

[19] Vgl. *A. Vögtle,* in: *R. Kottje – B. Möller* (Hrsg.), Ökumenische Kirchengeschichte (Mainz – München 1970) I, 23.

[20] Vgl. *W. Thüsing,* in: *K. Rahner – W. Thüsing,* Christologie – systematisch und exegetisch (QD 55) (Freiburg – Basel – Wien) 182–184.

erst aus dem Kontext seines Geschicks und dem diesem Geschick entsprechenden Verhalten Jesu – vor allem aus seinem ihm zugeschickten Tod, in den er sich schickte[21], so daß die Frage nach „Jesu ureigenem Tod" für das Verständnis Jesu von zentraler Wichtigkeit wird[22].

Der Titel unseres Bandes möchte aber noch tiefer verstanden sein: jeder Mensch stirbt am Ende seinen eigenen Tod, je tiefer und erfüllter er gelebt hat, desto eigener. Man könnte schon in diesem Sinn von Jesu „ureigenem Tod" reden, da sein Leben den Gedanken aufdrängt, daß Jesus den ihm wie jedem Menschen aufgegebenen Tod in einer einmaligen Reinheit und einzigartigen Hingabe, also in einer ureigenen Weise, bestanden hat, so daß sich in diesem Tod der denkbare Höchstfall anthropologischen Transzendierens auf Gott hin ereignete. Jesu Tod wäre in diesem Sinn ein einmaliges Geschehen gewesen: die Öffnung der Schöpfung auf Gott hin in letztmöglicher Theozentrik. Freilich hätte ein solcher Tod totaler vertikaler Proexistenz auf Gott hin noch nicht die totale Proexistenz Jesu in der Horizontalen ermöglicht: sein Engagement „für uns" als des „Menschen für die anderen", zum „Heil der Welt"[23] (auch wohl noch nicht aufgrund der natürlichen und heilsgeschichtlichen Verbundenheit Jesu mit dem Menschengeschlecht). Das auseinanderreißende Kreuz der vertikalen und horizontalen Proexistenz Jesu konnte diesen Tod nur heilsbedeutsam machen, wenn in solch zerrissener Proexistenz Gott als der Immanuel sich gab. Als der Tod des vom Vater „(dahin)gegebenen" Sohnes (Röm 8,32; vgl. Joh 3,16), der sich selbst „dahingab" (Gal 2,20; Eph 5,2.25 u.s.)[24], war Jesu Tod in exzeptioneller Weise ein Heilstod und sein „ureigener Tod". In der liebenden „Dahingabe" des „liebend Sich-Dahingebenden" aber

---

[21] Siehe dazu u. den *1.* Beitrag S. 16ff, bes. 33–41.

[22] *H.-G. Link,* Probleme (s. Anm. 1) 344, berichtet, daß auf der Tagung in Grafrath (s. ebd.), „in der Hervorhebung der sich selbst entäußernden Liebeshingabe Jesu an das Kreuz ... eine gemeinsame inhaltliche Interpretationsrichtung erkennbar" wurde.

[23] Siehe dazu u. S. 138–143.

[24] Vgl. Näheres bei *W. Popkes,* Christus traditus. Eine Untersuchung zum Begriff der Dahingabe im Neuen Testament (AThANT 49) (Zürich 1967).

definiert sich Gott als die Liebe (1 Joh 4, 8), wobei diese identische Hingabe als der „Geist" bestimmt werden kann[25] – was alles in diesem „ureigenen Tod Jesu" dem Glauben ansichtig wird[26].

b) Auch der *Untertitel* dieses Bandes ruft nach einer Erklärung. Ihrem Ursprung nach waren die vier in ihm zusammengebundenen Beiträge Vorträge am Rande des Gespräches (oder des Schweigens), in dem der Tod Jesu ansteht. Gemeinsam war ihnen, daß sie jeweils in eine theologische oder kerygmatische Situation hineingesprochen waren. Für die Drucklegung wurden sie – besonders in den Fußnoten – ergänzt; für diesen Nachdruck sind sie – in Auseinandersetzung mit neuerer Literatur – abermals durchgesehen und jeweils unterschiedlich stark erweitert. Die literarische Art der hier gesammelten Vorträge war recht unterschiedlich: vorgetragen vor Fachkollegen (1.), als Gastvorlesung (2.), erarbeitet mit Theologiestudenten (3.), vorgetragen vor Geistlichen und in Bildungswerken (Ausblick). Auch zusammengefaßt, können und wollen diese – in Festschriften und Zeitschriften verstreuten – Beiträge keineswegs das Ganze einer Kreuzestheologie zur Sprache bringen; aber sie möchten Jesu „ureigenen Tod" vorösterlich grundlegen und abstützen (1.), die eucharistische Selbsthingabe Jesu wahrscheinlich und verständlich machen (2.) und für das sittliche Leben diese Erniedrigung Jesu als maßgeblich darstellen (3.) sowie als zukunftsträchtige Wirklichkeit herausstellen (Ausblick).

Die Beiträge des Bandes haben sich unter der Thematik des Titels mehr oder weniger zufällig zusammengefunden. Freilich haben sie außer der Thematik auch das gemeinsam, daß sie auf Lösungsmöglichkeiten hinweisen, die in der heutigen exegetischen Arbeit und systematischen Reflexion keineswegs allgemein anerkannt sind. Sie möchten nicht mehr als Diskussionsbeiträge sein. Die These des *1. Beitrages,* daß Jesus vorösterlich seinen Tod

---

[25] Vgl. dazu etwa *H. Mühlen,* Die Veränderlichkeit Gottes als Horizont einer zukünftigen Christologie. Auf dem Wege zu einer Kreuzestheologie in Auseinandersetzung mit der altkirchlichen Christologie (Münster 1969), bes. 23 ff.: Das Pneuma als das Wesen des Wesens Gottes; vgl. *ders.,* Der Heilige Geist als Person (Münster 1963).

[26] Siehe dazu u. S. 143–149.

proexistent verstanden und bestanden hat, gilt in der kritischen Forschung durchaus nicht als selbstverständlich. Wenn aber in der Jesusforschung heute nach einem Kontinuum zwischen der nachösterlichen Verkündigung des auferweckten Gekreuzigten und dem vorösterlichen Verkünder gesucht wird, müßte ein Kontinuum, das ein solches – selbstverständlich in aller Diskontinuität – zu sein beansprucht, doch vor allem hier gesucht werden[27]. – Ebensowenig ist die These des *2. Beitrages* Allgemeingut der kritischen Forschung, daß schon Jesus beim letzten Abendmahl, das Brot brechend und den Becher reichend, seinem bevorstehenden Tode zum Trotz und durch diesen seinen Tod effektiv das eschatologische Heil dienend darbieten wollte, was dann freilich erst österlich zu eschatologischer Ausreifung kommen konnte. – Und endlich ist es der exegetischen Forschung und der moraltheologischen Diskussion unserer Tage keineswegs selbstverständlich, daß es einen spezifisch biblischen Gehalt oder doch wenigstens ein wesentlich vom Tode Jesu her bestimmtes charakteristisches Proprium der christlichen Sittlichkeit gibt, wie ein solches im *3. Beitrag* im Verhalten und Wort Jesu aufgewiesen wird.

Einer besonderen Erklärung bedarf es, daß den drei hier zusammengestellten exegetischen Beiträgen eine „theologische Meditation" beigegeben wurde, die eher in das Gebiet der „haute popularisation" gehört und den festen Boden exegetischer Textarbeit verläßt. Aber Systematiker schreiben heute häufiger ernst zu nehmende exegetische Arbeiten, und Fachexegeten bringen in ihrer Arbeit – zumindest als hermeneutisches Vorverständnis – häufig (bewußt oder unbewußt) ein respektables Maß von Systematik ein. Der Verlag bat, diese „Theologische Meditation" mitaufnehmen zu dürfen unter Hinweis auf die Reihe, die ein gewisses interdisziplinäres Gespräch vorsehe. So mag dieser *„Ausblick"* den drei „exegetischen Besinnungen" gewissermaßen als „Horizont" dienen, der einen weiteren Ausblick ermöglicht (und vielleicht auch zu tieferem Einblick verhilft).

Die drei exegetischen Beiträge waren ursprünglich Festgaben

---

[27] Vgl. dazu das Ergebnis der Tagung von Grafrath; s. u. S. 65, Anm. 174.

für verehrte Lehrer und Kollegen: für *(1.) Josef Schmid* (München), *(2.) Gerhard Delling* (Halle/Saale) und *(3.) Rudolf Schnakkenburg* (Würzburg). Theologie will zu ihrem Teil der Verkündigung helfen. So sei die „Theologische Meditation" am Ende den Verkündern des Wortes zugeeignet, die in einer Zeit der „Abwesenheit Gottes" sich mühen, situationsgerecht zu predigen.

Mein Dank gilt dem Verlag Herder, Freiburg i. Br., der die erneute Veröffentlichung dieser Beiträge in der hier vorliegenden Form anregte und die Zitationsweise – im allgemeinen nach LThK² – vereinheitlichte, sowie dem St.-Benno-Verlag, Leipzig, der das Erscheinen des Bandes großzügig ermöglichte.

Erfurt, den 28. August 1974 *Heinz Schürmann*

1 *Wie hat Jesus seinen Tod bestanden und verstanden?*

Eine methodenkritische Besinnung*

„Die größte Verlegenheit für den Versuch, ein Charakterbild Jesu zu rekonstruieren, ist die Tatsache, daß wir nicht wissen können, wie Jesus sein Ende, seinen Tod, verstanden hat ... Ob oder wie Jesus in ihm einen Sinn gefunden hat, können wir nicht wissen."[1] Diese Feststellung von Rudolf Bultmann steht lapidar im Feld der neutestamentlichen Forschung – inmitten von Trümmern, die keine Rekonstruktion mehr zu erlauben scheinen. Wie kommt R. Bultmann – und mit ihm ein Großteil der kritischen Forschung unserer Tage – zu diesem Urteil? Es ist gewiß in der recht schwierigen Quellenlage begründet, die nur wenig Licht in das geschichtliche Dunkel fallen läßt. Entscheidend aber ist das Urteil bestimmt von einem theologischen Vor-Urteil, das eher an einer negativen als an einer positiven Auskunft bei der Suche nach einem „Charakterbild Jesu" – geht es wirklich darum? – interessiert ist.

Wir können die Frage unserer Überschrift nur beantworten, wenn wir *einleitend* einige methodenkritische Erwägungen vorausschicken.

---

* Erstmalig veröffentlicht in: Orientierung an Jesus. Zur Theologie der Synoptiker (Festschrift für J. Schmid) (Freiburg i. Br. 1973) 325–363 (hier leicht korrigiert und – bes. in den Anmerkungen – erweitert).

[1] So *R. Bultmann,* Das Verhältnis der urchristlichen Christusbotschaft zum historischen Jesus (AAH, H.3) (Heidelberg 1960) 11f. Vgl. ausdrücklich zustimmend z.B. *W. Schrage,* Das Verständnis des Todes Jesu Christi im Neuen Testament, in: Das Kreuz Jesu Christi als Grund des Heils (hrsg. von *F. Viering*) (Lizenzdruck Berlin 1969) 45–86, hier S. 51, Anm. 17; auch *G. Klein,* Bibel und Heilsgeschichte, in: ZNW 62 (1971) 20, Anm. 76; *E. Jüngel,* Tod (Stuttgart – Berlin 1971) 133. Vorsichtiger *W. Marxsen,* Erwägungen zum Problem des verkündigten Kreuzes (1961/62), in: Der Exeget als Theologe (Ges. Aufsätze) (Gütersloh 1968) 160–170, hier 163: „Jesu eigene Stellung zu seinem Tode läßt sich *unmittelbar* (Auszeichnung vom Verf.!) nicht erheben", sondern nur mittelbar aus „der Bezeugung durch die Zeugen".

1. Um mit der *systematisch-hermeneutischen Frage* zu beginnen:

a) R. Bultmann – und mit ihm eine einseitige Kerygma-Theologie – ist so sehr daran interessiert, jedem Versuch den Boden zu entziehen, „die Legitimität des Kerygmas durch wissenschaftliche Forschung zu erweisen“ [2], daß schon die Frage, ob Jesus seinen Tod „proexistent“ durchgestanden hat, für ihn uninteressant ist, ja den Kerygma- und Glaubensbegriff gefährdet. „Eine der historischen Kritik und der urchristlichen theologia crucis verpflichtete Theologie wird darum fast zwangsläufig immer wieder mit einer theologischen Position zusammenstoßen“, welche bestrebt ist, „die historische Kritik zu domestizieren und das Kerygma zu depotenzieren“, meint W. Schrage [3]. Ein derartiges Kerygmaverständnis wird darum den „Tod Jesu in seiner Heilsbedeutung nicht aus dem Horizont des vorösterlichen Jesus heraus deuten, sondern allein von Ostern her ... erkennen“ [4]. Wir werden unten (abschließend) noch fragen, ob ein derartiges Verständnis von Offenbarung und Kerygma „allein von Ostern her“ exegetisch und systematisch durchgehalten werden kann. Hier genügt die Feststellung, daß es auch ein Interesse an der irdischen „Proexistenz“ Jesu geben kann, wenn die historische Forschung nicht dazu mißbraucht wird, das Kerygma zu „legitimieren“ und damit zu „depotenzieren“. „Der Glaube kommt vom Hören, das Hören aber durch das Wort Christi“ (Röm 10, 17). Aber schon eine frühe nachösterliche Verkündigung läßt keinen Zweifel, daß sich im Tode Jesu nicht nur Gott „als der selbst paradoxerweise im Kreuz Jesu zum Heil der Welt Handelnde“ [5] erweist, sondern auch Jesus als der „für unsere Sünden“ Sterbende (vgl. nur 1 Kor 15, 3) [6]. Das Handeln Gottes

---

[2] *R. Bultmann,* Verhältnis (s. Anm. 1) 13.

[3] *W. Schrage,* Verständnis (s. Anm. 1) 49.

[4] Ebd. 49 (vgl. ebd. 56–65). – Vgl. aber auch die neueren Aussagen von W. Schrage, über die H. G. Link (s. u. Anm. 174) berichtet.

[5] *W. Schrage,* Verständnis 57.

[6] Vgl. dazu *W. Popkes,* Christus traditus. Eine Untersuchung zum Begriff der Dahingabe im Neuen Testament (AThANT 49) (Zürich – Stuttgart 1967); *G. Delling,* Der Kreuzestod Jesu in der urchristlichen Verkündigung (Berlin 1971), bes. 72. Differenzierender *J. Roloff,* Anfänge der soteriologischen Deutung des Todes Jesu (Mk X. 45 und Lk XXII. 27), in: NTS 19 (1972/73) 38–64. – Vgl. näherhin den *2. Beitrag* dieses Bandes und den abschließenden „*Ausblick*“.

für das Heil der Welt wird schon in alten Glaubensformeln als ein solches verkündet, das Jesus in sein eigenes Leben und Sterben aufgenommen hat: Der „Dahingegebene" (Röm 8,22 u.s.) ist der „Sich-Dahingebende" (Gal 1,4; 2,20; Eph 5,2.25; 1 Tim 2,6; Tit 2, 14; Mk 10,45). Der Glaube – verstärkt der Glaube von heute – ist nicht nur interessiert an dem „Daß" des Todes Jesu, sondern durchaus auch an der Frage, wie Jesus seinen Tod bestanden und verstanden hat, und das nicht, weil er biographisch an einem „Charakterbild Jesu" interessiert ist, sondern weil er einen fülligeren Offenbarungsbegriff hat, als ihn eine einseitige Kerygmatheologie voraussetzt.

b) In unseren Tagen wird sehr interessiert neu gefragt nach der „Sache Jesu"; diese wird aber gerade als proexistentes Engagement Jesu verstanden, durchgehalten und durchgelitten bis zuletzt und bis zum Äußersten (vgl. Joh 13,1). Danach wird nicht nur zaghaft in der ernsten exegetischen Forschung gefragt, sondern drängender noch im christlichen Lebensvollzug[7], wobei ein oberflächlicher Jesuanismus freilich weithin das Kerygma depotenziert und die Christologie entleert[8]. Aber das muß ja nicht so sein.

Der Jesus des Engagements, der Jesus als der „Mensch für andere" und – so müssen wir hinzusetzen: „für den Ganzanderen"[9], in dem Gottes Engagement für die Welt ansichtig wird, darf doch vielleicht als ein hermeneutisches Vorverständnis eingesetzt werden, die Frage nach einer vorösterlichen Wurzel des ὑπέρ neu anzugehen – natürlich immer mit aller kritischen Bereitschaft, dieses Vorverständnis vom geschichtlichen Tatbestand her in Frage stellen zu lassen. Wenn es eine „Kontinuität des Evange-

---

[7] Vgl. etwa *N. Brox*, Zur unterrichtlichen Notwendigkeit der Frage nach dem historischen Jesus, in: KatBl 92 (1967) 35–40, in Weiterführung von *H. Stock*, Das Verhältnis der Christusbotschaft der synoptischen Evangelien zum historischen Jesus als Problem des biblischen Unterrichts in der Schule, in: Zeit und Geschichte (Festschr. für R. Bultmann zum 80. Geburtstag) (Tübingen 1964) 703–717.

[8] Vgl. o. S. 10, Anm. 12; dagegen – sehr erhellend – *W. Kasper*, Die Sache Jesu. Recht und Grenzen eines Interpretationsversuches, in: HerKorr 26 (1972) 185–189.

[9] Vgl. programmatisch (freilich auch problematisch) *R. Schäfer*, Jesus und der Gottesglaube (Tübingen 1970). – Vgl. auch S. 138–143.

liums in der Diskontinuität der Zeiten und der Variation des Kerygmas“ [10] gibt, also in aller Variation doch eine Kontinuität zwischen der vorösterlichen Verkündigung Jesu und dem nachösterlichen Kerygma, müßte diese – zumindest der Sache nach – in der Mitte des Kerygmas: im christologischen ὑπέρ [11], aufgezeigt werden können. „Markiert“ wirklich „das Kreuz in besonders eindringlicher Weise die Diskontinuität zwischen dem verkündigenden und dem verkündigten Jesus“, wie W. Schrage [12] meint? Der Rückfrage nach der Kontinuität des Hyper im Kerygma genügt nicht der Aufweis einer gewissen Konformität, „daß faktisch bestimmte Züge der Verkündigung Jesu und des Verhaltens Jesu in der Deutung seines Todes durch das urchristliche Kerygma reflektiert werden“ [13]. Es genügt auch nicht, wenn wir die Frage bejaht finden, daß das „kerygmatische Verständnis von Jesu Existenz dem Existenzverständnis entspricht, das in Jesu Geschichte implizit enthalten ist“, wie die landläufige Antwort der New Quest lautet [14]. Wenn wir nach der Kontinuität des ὑπέρ in der Diskontinuität der Zeiten und in der Variation des Kerygmas fragen, möchten wir also in keiner Weise Kerygma und Glaube geschichtlich beweisend „legitimieren“ [15] und damit „depotenzieren“, viel-

---

[10] Vgl. *E. Käsemann,* Das Problem des historischen Jesus (1953), in: ExVuB I (Göttingen [6]1970) 187–214, hier 213.

[11] Bei *E. Lohse,* Märtyrer und Gottesknecht (Göttingen 1955) 131–135 und *W. Popkes,* Christus traditus (s. Anm. 6), etwa wird deutlich, wie sehr dieses ὑπέρ als die zentrale Zusammenfassung der neutestamentlichen Botschaft verstanden werden kann. Vgl. auch *H. Riesenfeld,* Art. ὑπέρ, in: ThW VIII (1969) 510–518.

[12] *W. Schrage,* Verständnis (s. Anm. 1) 49 – mit einem verbreiteten Urteil.

[13] *W. Schrage* ebd.

[14] Vgl. *J. M. Robinson,* Kerygma und historischer Jesus (Zürich – Stuttgart [2]1967) 176. – Daß darüber hinaus auch noch eine „Kontinuität der Zeichen in der Diskontinuität der Zeiten“ erfragt werden darf, wurde in dem nachstehenden *2. Beitrag* „Das Weiterleben der Sache Jesu im nachösterlichen Herrenmahl“ gezeigt; vgl. auch unsern S. 66–96, Anm. 14, genannten Beitrag.

[15] Immerhin darf erwähnt werden, daß der nachträgliche Versuch, die Rationabilität des geschenkten Glaubens zu verdeutlichen, ein legitimes, ja sittlich verantwortliches Unterfangen bleibt; vgl. auch *W. Marxsen,* Erwägungen (s. Anm. 1), bes. 166f, der aber einseitig das Christuskerygma am Jesuskerygma prüfen und von hier aus legitimieren will (ebd. 167f). Wenn Offenbarung und Kerygma die Auferweckung des gekreuzigten „Gekommenen“ beinhalten, ist das Entweder-Oder jener Frage nicht legitim; s. unten die Schlußbemerkungen dieses Beitrages.

mehr im Gegenteil offenbarungsgemäß autorisieren und gläubig potenzieren. Vielleicht eröffnet ein aufgefülltes, das Gekommensein Jesu mitumgreifendes Offenbarungsverständnis den Blick hermeneutisch neu für die geschichtliche Frage[16], die von dem genannten Vorurteil verdunkelt ist.

2. So sind wir *methodenkritisch* mit der *Quellenfrage* konfrontiert: Erlaubt die Quellenlage geschichtliche Aussagen über die Frage, wie Jesus seinen Tod bestanden und verstanden hat?

a) Eine kritische Forschung kann nicht von dem Grundsatz „in dubio pro tradito" ausgehen, sondern wird in einer Zeit kritischen Fragens – bei allem grundsätzlich notwendigen Vorbehalt – mit dem „kritischen Grundprinzip" des methodischen Zweifels arbeiten müssen, auch wenn „durchaus kein Grund zu der Meinung" besteht, „die geschichtliche Zuverlässigkeit eines Überlieferungsstückes könne selbstverständlich nur eine Ausnahme" sein[17]. Das gilt in besonderem Maße, wenn unsere Quellen durch und durch kerygmatisch geprägt sind. „Wenn ... die gesamte in den Evangelien verwertete Jesusüberlieferung aus der glaubenden und verkündenden Gemeinde stammt, so kann nur kritische Prüfung der einzelnen Überlieferungsstücke darüber entscheiden, ob und in welchem Umfang diese Überlieferung in die Zeit vor Ostern zurückgeht und die geschichtliche Wirklichkeit Jesu und seiner Lehre zuverlässig wiedergibt."[18]

Dieses kritische Grundprinzip setzt sich – auf die Jesustradition angewandt – um in das „kritische Aussonderungsprinzip", das im Gefolge von R. Bultmann[19] E. Käsemann so formuliert: „Eini-

---

[16] Vgl. dagegen – von einem den Historizismus überwindenden Geschichtsverständnis her – *H. Schlier,* Zur Frage: Wer ist Jesus?, in: Neues Testament und Kirche (Festschr. für R. Schnackenburg) (Freiburg i.Br. 1974) 359–370, sowie unten Anm. 29.

[17] Soweit ist *W. G. Kümmel,* Die Theologie des Neuen Testaments nach seinen Hauptzeugen Jesus–Paulus–Johannes (NTD Erg.-Bd. 3) (Göttingen 1969) 24, recht zu geben (der aber das kritische Grundprinzip des methodischen Zweifels ebd. in Frage stellt).

[18] *Ders.,* ebd. 23.

[19] *R. Bultmann,* Die Geschichte der synoptischen Tradition (Göttingen ^{8}1970) 132ff 222. – Vorläufer nennt *M. Lehmann,* Synoptische Quellenanalyse und die Frage nach dem historischen Jesus (BeihZnW 38) (Berlin 1970), bes. 178–186.

germaßen sicheren Boden haben wir nur in einem einzigen Fall unter den Füßen, wenn nämlich Tradition aus irgendwelchen Gründen weder aus dem Judentum abgeleitet noch der Urchristenheit zugeschrieben werden kann."[20]

Wenn wir mit diesem kritischen Aussonderungsprinzip die Worte Jesu über seinen Tod angehen, kommen wir leicht zu dem gänzlich negativen Ergebnis R. Bultmanns, das wir einleitend zitierten: „Wir können nicht wissen ..." Denn mit diesen Worten steht es so:

α) Die in vielfacher Variation[21] überlieferte *„offene" Leidensweissagung* Mk 8,31 parr (vgl. Lk 17,25); 9,31 parr; 10,33f parr (vgl. Mk 14,21 parr; 14,41 par Mt, vgl. Lk 22,48; 24,7; Mt 12,40; 26,2)[22] steht so stark unter der kritischen Anklage, ein vaticinium ex eventu zu sein, daß sie keinen geeigneten Ausgangspunkt für eine kritische Untersuchung abgibt[23].

β) Auch die *„verdeckten" Leidensweissagungen* wie Lk 11,29f par; 12,49f[23a]; 13,31f. 33 S; 13,34f parr; Mk 2,18ff parr; 10,38f

[20] *E. Käsemann,* Problem (s. Anm. 10) 205; ähnlich auch *H. Conzelmann* in: RGG III (³1959) 623; *G. Ebeling,* Das Wesen des christlichen Glaubens (Tübingen 1959); *N. Perrin,* Rediscovering the Teaching of Jesus (London 1967), 39–43 (vgl. deutsch: Was lehrte Jesus wirklich, Göttingen 1972); *J. Jeremias,* Neutestamentliche Theologie I (Gütersloh 1971) 14 (kritisch); *F. Hahn,* Rückfrage (s. Anm. 29) 33f (mit Einschränkungen). – S. dazu u. Anm. 41.

[21] Die relativ ursprünglichste Form scheint Mk 9,31 vorzuliegen; vgl. *H. Schürmann,* Das Lukasevangelium I (HThK III/1) (Freiburg i.Br. – Basel – Wien 1969) 536ff; vgl. auch *W. Popkes,* Christus traditus (s. Anm. 6) 226. Alle Rekonstruktionsversuche einer postulierten „Urform" – etwa Mk 9,31a; so *J. Jeremias,* Neutestamentliche Theologie I (s. Anm. 20), 267f – bleiben aber hypothetisch und geben nicht die gewünschte Sicherheit, auch nicht ein Rekurs auf Lk 17,25; gegen *W. G. Kümmel,* Theologie (s. Anm. 17) 79f. Vgl. nun auch *J. Roloff,* Deutung (s. Anm. 6) 39ff; *H. Patsch,* Abendmahl und historischer Jesus (Calwer Theol. Mon. A/1) (Stuttgart 1972) 185–197.

[22] Vgl. Mk 9,11ff par Mt; 12,1–9 par 10f parr; 14,3–9.27 par Mt; Mt 26,54; vgl. entfernter auch die Ankündigungen von Jüngerverfolgungen (s.u. Anm. 75).

[23] Die Beobachtung von *J. Jeremias,* Theologie I (s. Anm. 20) 270f, daß manche dieser Stellen „Züge enthalten, die sich nicht erfüllt haben", bedürfte bei kritischer Auswertung einer eingehenderen Prüfung.

[23a] Vgl. *P. Wolf,* Liegt in den Logien von der „Todestaufe" (Mk 10,38f; Lk 12,49f) eine Spur des Todesverständnisses Jesu vor?, Diss. theol. (Freiburg i. Br. 1973) [Msch.-Schr.].

parr; 12,1–9.10f parr[24] werden besser nach dem „kritischen Aussonderungsprinzip“, daß alles als ungesichert gelten muß, was aus der nachösterlichen Gemeinde stammen *kann*, nicht zum Ausgangspunkt der Untersuchung genommen[25].

γ) Noch stärker müssen sich die Worte, die Jesu Tod als *Heilstod* verstehen, eine skeptische Beurteilung gefallen lassen: zunächst die Abendmahlsworte Lk 22,19f par 1 Kor 11,23ff; Mk 14,22ff par Mt 26,27f (vgl. Joh 6,51c), da ihr ursprünglicher Wortlaut hinter den unterschiedlichen Fassungen nicht mehr mit der notwendigen Sicherheit zurückzugewinnen ist[26], da zudem die Deutung des Todes Jesu als Heilstod, wie er hier von der Schrift her verstanden ist, vor dem genannten Aussonderungskriterium, wenn es streng angewandt wird, nicht bestehen kann. Unter gleichem Verdacht steht auch das λύτρον-Wort Mk 10,45 par Mt[27], zumal die Variante Lk 22,28 den Todesgedanken nicht enthält und ursprünglicher sein wird[28].

b) Nun wird eine methodenkritische Forschung aber kritisch sein gegenüber der immanenten Beschränktheit der Methode. Hier wäre vielerlei zu sagen[29] – wenn wir unsere konkrete Fragestellung im Auge behalten, besonders aber das Folgende:

---

[24] Vgl. dazu *M. Hengel*, Das Gleichnis von den Weingärtnern Mk 12,1–12 im Lichte der Zenonpapyri und der rabbinischen Gleichnisse, in: ZNW 59 (1968) 1–39.

[25] Siehe dazu jedoch u. b) und *H. Patsch*, Abendmahl (s. Anm. 21) 157–205.

[26] In: Conc 4 (1968) 771, wollte ich keineswegs sagen, was Jesus beim letzten Abendmahl „gesagt habe, wüßten ... wir nicht“, wie *H. Kessler*, Erlösung als Befreiung (Düsseldorf 1972) 32, mich versteht.

[27] Dem erneuten Sicherungsversuch von *J. Jeremias*, Theologie I (s. Anm. 20) 277ff zum Trotz, der „die Substanz“ von Mk 10,45b „auf Jesus zurückzuführen“ versucht. Vgl. anders *E. Lohse*, Märtyrer (s. Anm. 11) 117: „formelhafte kerygmatische Wendungen, die in der Verkündigung und im Handeln der Gemeinde ihren Sitz im Leben haben ... Ein sicherer Rückschluß auf das ‚messianische Selbstbewußtsein‘ Jesu ist von diesem Logion her nicht möglich.“

[28] Vgl. *H. Schürmann*, Jesu Abschiedsrede Lk 22,21–38 (NTA XX/5) (Münster 1957) 79–92. Vgl. dazu jetzt auch *J. Roloff*, Deutung (s. Anm. 6).

[29] Vgl. etwa die bedenkenswerten Ausführungen von *M. Lehmann*, Synoptische Quellenanalyse (s. Anm. 19) 163–205, und die engagierten Bemerkungen von *P. Stuhlmacher*, Neues Testament und Hermeneutik – Versuch einer Bestandaufnahme, in: ZThK 68 (1971) 122–161; vgl. auch *W. Kasper*, Die Sache Jesu (s. Anm. 8): „Die kritische Methode ist kein neutrales methodisches Instrumenta-

α) Der durch das kritische Aussonderungsprinzip „gesicherte Kern“ an Herrenworten kann methodenimmanent nur ein entstelltes Jesusbild liefern[30], einen „ganz anderen“ Jesus, der – in psychiatrisch bedenklicher Weise – kontaktlos in seiner jüdischen Umwelt steht und – historisch gänzlich unglaubwürdig – keinerlei Wirkgeschichte ausgelöst hätte. Es ist aber doch ganz unwahrscheinlich, daß die nachösterliche Gemeinde nicht in entscheidender Weise vom Verhalten und vom Wort Jesu geprägt sein soll[31]. Das Aussonderungsprinzip gibt uns „keine Klarheit über das ... was Jesus mit seiner palästinischen Umwelt und seiner späteren Gemeinde verbunden hat“[32]. Eine konsequente Handhabung dieses Prinzips schließt im voraus ein *mögliches Kontinuum,* das wir ja doch erfragen möchten, aus. Es bedarf also dringend einer ergänzenden Untersuchung der „Rückstände“ jenes Aussonderungsprinzips, aus dem sich mit Hilfe von positiven Kriterien noch geschichtlich zuverlässiges Material gewinnen läßt[33].

---

rium; hinter ihr steht ein bestimmtes Interesse, ja eine dogmatische Entscheidung.“ Freilich wird man die historische Kritik schon ernster nehmen müssen, als das *G. Schwarz,* Was Jesus wirklich sagte (Wien – München – Zürich 1971) tut, wenn man sie erfolgreich kritisieren will. *K. Lehmann,* Der hermeneutische Horizont der historisch-kritischen Exegese, in: Einführung in die Methoden der biblischen Exegese (hrsg. von *J. Schreiner*) (Würzburg 1971) 40–80 (Lit.!) urteilt: „Bis heute fehlt in der katholischen Theologie eine grundlegende Reflexion auf die historisch-kritische Methode“ (ebd. 66). Wichtige Anregungen finden sich bei *H. Schlier,* Frage (s. Anm. 16) 359–370, jetzt auch in: *K. Kertelge* (Hrsg.), Rückfrage nach Jesus (QD 63) (Freiburg – Basel – Wien 1974), vgl. ebd. bes. *F. Hahn,* Methodologische Überlegungen zur Rückfrage nach Jesus 11–77, bes. 32–40 (Lit.), sowie ebd. die Beiträge von *F. Lentzen-Deis* und *F. Mußner.*

[30] Vgl. *J. Jeremias,* Theologie I (s. Anm. 20) 14: „daß die Art und Weise, wie heute vielfach das ‚Unähnlichkeitskriterium‘ als Schibboleth benutzt wird, eine schwerwiegende Fehlerquelle enthält und den historischen Tatbestand verkürzt und entstellt“.

[31] Vgl. *G. Delling,* Kreuzestod (s. Anm. 6), Anm. 429. *G. Schwarz,* Jesus (s. Anm. 29) 68f. Vgl. auch *M. Hengel,* Christologie und neutestamentliche Chronologie, in: Neues Testament und Geschichte (Festschr. für O. Cullmann zum 70. Geburtstag) (Zürich – Tübingen 1972) 43–67, bes. 63f: „Die Entstehung der urchristlichen Christologie ... wird nur verständlich“, wenn man neben der Kreuzigung Jesu und den Auferstehungserscheinungen auch „die Wirksamkeit Jesu, deren ungeheure Wirkung auf die Jünger und darüber hinaus auf breitere Kreise des Volkes sowohl in Galiläa wie in Judäa“ gebührend in Rechnung setzt, die „wir uns heute kaum mehr vorstellen können“.

[32] *E. Käsemann,* Problem (s. Anm. 10) 205. [33] Siehe unten Anm. 41.

β) Das Verhalten Jesu und die Worte Jesu über seinen Tod können ferner nur gedeutet werden vom Ganzen seiner Verkündigung her, die nicht in „paneschatologischer" Einseitigkeit auf die Ansage des nahen Endes reduziert werden darf. Gerade die von einer unerhörten Theozentrik bestimmten *Forderungen Jesu,* unter denen man einige Grundforderungen mit relativer Sicherheit gewinnen kann[34], dürfen als Erkenntnisschlüssel verwendet werden, um Jesu eigenes Verhalten und seine Haltung zu erschließen. „Wir ... können ... aus dem, was er verlangt, auf das schließen, was er selber tat. Das ist jedenfalls das Nächstliegende[35] – jedenfalls wenn man das Gedankenspiel R. Bultmanns mit der „Möglichkeit, daß er zusammengebrochen ist"[36], weder mit der Vor- noch mit der Wirkgeschichte Jesu in Einklang zu bringen vermag.

γ) Die mit dem Aussonderungsprinzip arbeitende Forschung darf sich weiter nicht im voraus – einer Tendenz der nach dem Existenzverständnis fragenden Kerygmatheologie folgend[37] – einengen lassen auf die überlieferten Worte Jesu, speziell auf die

---

[34] Vgl. *R. Bultmann,* Jesus (Nachdr. Tübingen 1964) passim; *ders.,* Verhältnis (s. Anm. 1) 11 16; *E. Käsemann,* Problem (s. Anm. 10) 213, der betont, „daß es nun doch Stücke in der synoptischen Überlieferung gibt, welche der Historiker als authentisch einfach anzuerkennen hat, wenn er Historiker bleiben will". Vgl. auch *J. M. Robinson,* Kerygma (s. Anm. 14) 139, der – noch recht minimalistisch – einen gewissen Konsens der Forschung feststellen zu können glaubt: „Wir haben z.B. in den Gleichnissen, in den Antithesen der Bergpredigt, in den Logien über die Basileia, über die Dämonenaustreibung und über Johannes den Täufer ausreichende Einblicksmöglichkeiten in Jesu Intention, um seinen geschichtlichen Handlungen begegnen zu können; genügend Einsicht auch in das Verständnis von Existenz, das seinen Intentionen zugrunde lag, um seinem Sosein zu begegnen ..." Vgl. ferner jetzt den Entwurf von *F. Hahn,* Rückfrage (s. Anm. 29) 40–51. – Es wäre an der Zeit, den (relativen) Konsens der ernsten geschichtlichen Forschung in dieser Frage zusammenzutragen.

[35] *E. Fuchs,* Die Frage nach dem historischen Jesus, in: Zur Frage nach dem historischen Jesus (Gesammelte Aufsätze II) (Tübingen 1960) 143–167, hier 157. Vgl. zu diesem Auslegungsprinzip auch *J. Jeremias,* Theologie I (s. Anm. 20) 269.

[36] *R. Bultmann,* Verhältnis (s. Anm. 1) 12; vgl. auch *W. Schrage,* Verständnis (s. Anm. 1) 51, Anm. 17, und *G. Klein,* Bibel (s. Anm. 1) 20, Anm. 76; s. dazu unten S. 33.

[37] Vgl. instruktiv *R. Bultmann,* Jesus (s. Anm. 34), Einleitung 7–17; *ders.,* Verhältnis (s. Anm. 1) 21: „daß im Wirken Jesu seine Worte das Entscheidende sind".

über seinen Tod. Das *Verhalten Jesu*, im Zusammen mit seinem *Geschick,* ist entscheidend wichtig, wenn man in unserer Frage zu Ergebnissen kommen will, worauf immer wieder E. Fuchs hinweist, der mit Recht das „Verhalten Jesu" als den eigentlichen „Rahmen" seiner Verkündigung verstanden haben will[38].

δ) Endlich kann „die entscheidende Kontrolle über die Richtigkeit" aller Einzelerkenntnisse „nur der Nachweis sein, daß sich aus der Zusammenordnung der so gewonnenen Überlieferungsstücke ein geschichtlich verständliches, einheitliches Bild Jesu und seiner Verkündigung ergibt, das auch die weitere Entwicklung des Urchristentums verständlich macht", urteilt W. G. Kümmel[39]. Wichtig ist dabei die Absage an den verbreiteten Methoden-Monismus, positiv: der Konvergenzbeweis[39a], der Aufweis, daß sich die verschiedenen Beobachtungen und Erkenntnisse – seien sie hypothetischer, wahrscheinlicher oder moralisch sicherer Art – zu einem verstehbaren *Gesamtbild*[40] zusammenfügen. – Letztlich ist eine geschichtliche Persönlichkeit – von Jesus gilt das in erhöhtem Maße – nur mit einem Pluralismus von methodischen Zugängen in der „Begegnung" zu erkennen. Dabei ist das Verstehen einer Person in ihrer unverwechselbaren Eigenart immer mehr als die Summe aller kritisch gesicherten Aussagen über das Geschick, Verhalten und Reden sowie das Selbstverständnis dieser Person, weil eine solche nicht ein brutum factum ist, das einfach historisch „festgestellt" werden kann. Jenseits aller kritischen Methoden

---

[38] *E. Fuchs,* Die Frage (s. Anm. 35), hier 155, und – sich gegen R. Bultmann verteidigend – *ders.*, Zur Frage nach dem historischen Jesus, in: Glaube und Erfahrung (Gesammelte Aufsätze III) (Tübingen 1965) 1–31, hier 19; *ders.*, Jesus. Wort und Tat (Tübingen 1971) passim; vgl. auch *F. Hahn,* Rückfrage (s. Anm. 29) 41.

[39] *W. G. Kümmel,* Theologie (s. Anm. 17) 24.

[39a] Vgl. *A. Brunner,* Das Kriterium der Konvergenz, in: Erkenntnistheorie (Köln 1946) 77ff; *ders.*, Die Grundfragen der Philosophie (Freiburg [3]1949) 26 37 177f; grundsätzliche Bemerkungen über das Prinzip der Konvergenz in den empirischen Wissenschaften; Lit. auch bei *H. Mühlen,* Konvergenz als Strukturprinzip eines kommenden universalen Konzils aller Christen: Ök. Rundschau 21 (1972) 289–315 (= Theol. Bull. 4 [1972] 599–625).

[40] Vgl. *M. Lehmann,* Quellenanalyse (s. Anm. 19) 197f; *G. Schwarz,* Jesus (s. Anm. 29), bes. 55–79; *F. Hahn,* Rückerinnerung (s. Anm. 29) 37–40.

bleibt darum ein nur personal zu erreichender Rest, wenn es um die Erkenntnis einer Person geht.

Wie hat Jesus seinen Tod bestanden und verstanden? Wir wollen die Frage im folgenden so zu beantworten suchen, daß wir das „kritische Aussonderungsprinzip“ arbeitshypothetisch respektieren: Wir werden also die umstrittenen Worte Jesu über seinen Tod zunächst liegenlassen[41] und die Frage neu zu bedenken versuchen vom Verhalten Jesu her sowie von einem Gesamtbild Jesu, das besonders seine gesicherten Forderungen in ihrer Konsequenz für das eigene Verhalten mitbedenkt. Dabei wird es klug sein, bei der Suche nach einem Ergebnis im geschichtlichen Dunkel auf dem Trümmerfeld der Forschung vorsichtig Fuß vor Fuß zu setzen und sich in kleinen Schritten (I–VIII) voranzutasten.

I. Konnte Jesus ernstlich mit der Möglichkeit eines gewaltsamen Todes rechnen?

Daß Jesus die Gefährlichkeit seiner Situation im Blick haben konnte, wird kaum bestritten und ist angesichts der religiös und politisch aufgewühlten orientalischen Umwelt und Situation auch kaum zu bestreiten. Unsere Frage lautet aber, ob Jesus diese Möglichkeit des gewaltsamen Todes nur als vage Eventualität einkalkuliert oder ob er sie als ernste Gefahr realistisch – dann auch

[41] Damit soll keinesfalls geleugnet sein, daß in den drei obengenannten Gruppen von Herrenworten noch echte Aussagen Jesu zu finden sind, da die Rückstände jenes Aussonderungsprozesses so lange als „möglicherweise jesuanisch“ gelten dürfen, als sie nicht positiv entweder als Gemeindebildung oder als „unmöglich jesuanisch“ erwiesen sind. Aus dem so zurückbleibenden nicht positiv verdächtigten Traditionsgut lassen sich mit Hilfe von positiven Kriterien grundsätzlich noch „wahrscheinlich oder sicher jesuanische“ Aussagen gewinnen, die dann dem „gesicherten Kern“ angereichert werden können. Doch kann diese schwierige Untersuchung, die immer mit außerordentlich viel Unbekannten operieren muß und die in unserer Frage kaum zu halbwegs gesicherten Ergebnissen führen dürfte (vgl. *A. George,* Comment Jésus a-t-il perçu sa propre mort?, in: LumV 20 (1971) 34–59, und den zusammenfassenden jüngsten Versuch von *J. Jeremias,* Theologie I [s. Anm. 20] 272–284), hier nicht geleistet werden (vgl. jedoch das in den Anm. 21–24 Gesagte).

wohl existentiell und vielleicht auch konsequenzenreich (s. u.) – in Rechnung setzen konnte.

Näherhin geht es uns nicht um die häufig ventilierte objektive Frage, ob die Verurteilung Jesu als politischer Aufrührer ihn am Ende wie ein tragisches Mißgeschick getroffen hat oder ob der gewaltsame Tod im Grunde in der Konsequenz seines nonkonformistischen Wirkens lag[42]. Denn auch im ersten Fall konnte oder mußte Jesus seinen möglichen Tod subjektiv vor Augen haben. Jedenfalls gilt das, wenn man die Gesamtverkündigung Jesu und sein Verhalten nicht als das eines – unrealistisch und zugleich unfromm – auf das nahe Ende fixierten Schwärmers versteht, der in Nächsterwartung „bei seinem Zug mit den Seinen nach Jerusalem... eher mit dem jetzt erfolgenden Kommen der Gottesherrschaft" gerechnet hat (welche Möglichkeit R. Bultmann freilich selbst auch nur als „Vermutung" äußert[43]). Man wird Jesus das Urteil zutrauen dürfen, daß er realistisch wußte, welcher Gefahr er sich mit seiner Verkündigung und seinem Verhalten in der ohnehin gespannten Situation aussetzte[44]. „Wer so auftrat wie Jesus, muß mit Zusammenstößen, die es sicher gegeben hat, rechnen."[45] Schwierigkeiten werden dann ja auch häufiger bezeugt[46] – sie werden nicht alle nachträgliche Eintragungen sein.

Nun muß man freilich Unterscheidungen machen: Gefahren konnten entfernter von den Römern (durch Kreuzigung; vgl. Mk 8,34) kommen, aber auch von seinem Landesherrn Herodes Antipas (durch das Schwert?; vgl. Mk 6,27, auch Apg 12,2); sie konnten aber auch ernstlicher – religiös motiviert – von den Sadduzäern im Hohen Rat oder auch von den Pharisäern landauf,

---

[42] Vgl. nur *H. Kessler,* Die theologische Bedeutung des Todes Jesu. Eine traditionsgeschichtliche Untersuchung (Düsseldorf ^{2}1971), bes. 229–232, und die dort 231, Anm. 13 genannten Autoren (E. Käsemann, E. Fuchs, H. Schlier, M. Hengel) – vgl. auch *J. Moltmann,* Der gekreuzigte Gott (München 1972) 120 –, denen *R. Bultmann,* Verhältnis (s. Anm. 1) 12, widerspricht.

[43] *R. Bultmann,* ebd.

[44] So auch *E. Fuchs,* Die Frage (s. Anm. 35) 157f; *W. Marxsen,* Erwägungen (s. Anm. 1) 160–197.

[45] *W. Marxsen,* ebd. 160–170.

[46] Vgl. Vorwürfe wie Mk 2,16 und Lk 7,34 (Sünderumgang); Mk 2,7 (Lästerung); 3,22 (Beelzebul-Bündnis); Mk 2,23–38; 3,1–6; Lk 13,10–17 u. s. (Sabbatbruch).

landab drohen (durch Steinigung?; vgl. Lk 13,34 par mit 4,29; Joh 8,59; 10,31–36; 11,8 auch Apg 7,59. Auch wenn Jesus nicht bestimmt gewesen sein sollte von dem zeitgenössischen Theologumenon (vgl. Lk 11,49ff par Mt; 13,34f par Mt; Lk 13,33 S), das die Propheten als Märtyrer sah[47], konnte Jesus die von diesen Seiten her drohenden Gefahren erkennen[48].

1. Jesus wurde am Ende „von den *Römern* als ‚Zelotenführer' – genauer: als sikarischer Aufrührer – hingerichtet"[49].

a) Mit diesem widersinnigen Geschick, einem Eingreifen der Römer, mußte Jesus nicht mit Notwendigkeit – schwerlich jedenfalls von Anfang an – rechnen. Wir verzichten hier bewußt auf alle Versuche, aus diesem Geschick einen Messiasanspruch Jesu oder eine an ihn herangetragene Messiaserwartung – vgl. die Kreuzesinschrift und die Verhör-Szenen – zu erschließen, sosehr letzteres sich nahelegt. Es genügt hier die Feststellung: politische Mißdeutungen seines Wirkens lagen nicht außerhalb aller Möglichkeit in seiner galiläischen Umwelt, die von politischen Freiheitskämpfern sehr beunruhigt war. Seine „harte und eigentlich zu anspruchsvolle Verkündigung zeigt, daß Jesus zwar nicht als politischer Organisator[50] aufgetreten ist, obwohl man ihn um des der Gottesherrschaft freilich immer innewohnenden politischen Anspruchs willen so verstanden hat"[51]. Dieses Mißverständnis

---

[47] Vgl. *O. H. Steck*, Israel und das gewaltsame Geschick der Propheten (WMANT 23) (Neukirchen-Vluyn 1967), und *J. Jeremias*, Neutestamentliche Theologie I (s. Anm. 20) 266f.

[48] Für möglich gehalten von *R. Bultmann*, Die Geschichte (s. Anm.19) 120 163; *G. Bornkamm*, Jesus von Nazareth (Urban-B. 19) (Stuttgart [7]1965) 142. – Zum Urteil der Redequelle s.u. (unter IV, 2b).

[49] Vgl. *G. Baumbach*, Jesus von Nazareth im Lichte der jüdischen Gruppenbildung (Berlin 1971) 24 (dort weitere gleich urteilende Autoren); vgl. *ders.*, Die Stellung Jesu im Judentum seiner Zeit, in: FZThPh 20 (1973) 285–305.

[50] Diese Mißdeutung geht seit Reimarus bis in unsere Tage, vgl. bes. *R. Eisler*, ΙΗΣΟΥΣ ΒΑΣΙΛΕΥΣ ΟΥ ΒΑΣΙΛΕΥΣΑΣ I–II (Heidelberg 1929/30); *S. G. F. Brandon*, The Fall of Jerusalem and the Christian Church (London [2]1957); *J. Carmichael*, Leben und Tod des Jesus von Nazareth (München 1965).

[51] *E. Fuchs*, Die Frage (s. Anm. 35) 158; vgl. *G. Delling*, Jesus nach den drei ersten Evangelien (Berlin 1964) 97ff.

war besonders dann nicht auszuschließen, wenn die Tradition mit der Behauptung recht hat, Jesus habe ehemalige Zeloten und Sikarier in seinen Zwölferkreis aufgenommen; vgl. „Simon, den Zeloten“ (Lk 6, 15 parr; Apg 1, 13). Vielleicht darf man auch „Judas Iskariot“ (Lk 6, 15 parr; Apg 1, 13) als ehemaligen Sikarier – und von da aus sein Verhalten – verstehen [52].

Am Ende (s. u.) zog Jesus „nach Jerusalem. Ein Blick auf seine Anhänger konnte dieses Auftreten in der Tat als einen Aufruhr erscheinen lassen“ [53].

b) Schon der Anfang der öffentlichen Wirksamkeit Jesu wird von der gefährlichen Situation bestimmt gewesen sein: Jesus trug die eschatologische Botschaft des Täufers weiter, diese stärker als jener als Nähe der „Basileia“ artikulierend, wobei er vielleicht sogar die Taufe des Johannes fortgesetzt hat (Joh 3, 23; 4, 1; vgl. jedoch 4, 2). „Jesus hat … den gewaltsamen Tod des Täufers miterlebt. Hat sich Jesus aber einst mit seiner eigenen Taufe ohne Zweifel zu dem eschatologischen Gerichtsernst des Täufers bekannt, so mußte er nach des Täufers Tod entscheiden, was dieser Tod für ihn bedeutete.“ [54] In der von apokalyptischen und damit auch von messianisch-politischen Ideen geschwängerten und von Freiheitskämpfern verunsicherten Umwelt war seine eschatologische Verkündigung, dazu noch im Schatten des Martyriums des Täufers – im Herrschaftsbereich des *Herodes Antipas*, der das ius gladii hatte (!) – gewiß nicht ungefährlich. Die öffentliche Meinung sowohl wie Herodes brachten Jesus und sein Wirken jedenfalls wohl leicht mit dem des Täufers zusammen (vgl. auch Mk 6, 14). Eine verdeckte Leidensvorhersage wie Lk 13, 31f be-

---

[52] Falls der Zuname sich von *sicarius* herleitet. *O. Cullmann*, Der Staat im Neuen Testament (Tübingen ²1961) 11f, überlegt, ob auch die Beinamen „Barjona“ (= akkadisch „Terrorist“) Mt 16, 17 und „Boanerges“ (= „Donnersöhne“) Mk 3, 17 von daher verständlicher werden könnten.

[53] *E. Fuchs*, Die Frage (s. Anm. 35) 158.

[54] *E. Fuchs*, ebd. 158; dagegen fragend („nicht mehr als eine Vermutung“) *W. Marxsen*, Erwägungen (s. Anm. 1) 163; ablehnend *R. Bultmann*, Verhältnis (s. Anm. 1) 12 („weil sich Jesus von seinem Auftreten offenbar ein anderes Bild gemacht hat als von dem des Täufers“). Die öffentliche Meinung aber wie Herodes sahen ihn und sein Wirken eng mit dem Täufer zusammen; s.o.

kommt so zumindest ihre geschichtliche Möglichkeit und eine innere Wahrheit.

2. a) Seinem galiläischen Landesherrn konnte Jesus immerhin ausweichen, und die Römer mußten sein Wirken nicht notwendig politisch verstehen, weil es unmittelbar nicht politisch war. Wir können mit ziemlicher Sicherheit sagen, daß es der sadduzäische Priesteradel war, der am Ende die Auslieferung Jesu an die Römer veranlaßte.

α) Es läßt sich schwer beweisen, daß der Gegensatz zu den *Sadduzäern* Jesus schon von Anfang an lebensbedrohlich erscheinen mußte, da ein solcher Gegensatz bei einem intensiveren Wirken in Jerusalem nähergelegen hätte, da ein solcher Gegensatz auch nur in der (als Gemeindebildung verdächtigen) Auferstehungsdiskussion Mk 12,18–27 parr sowie in der mattäischen Redaktion (Mt 3,7; 16,1.6.11f) und (lukanisch tendenziös) in der Apostelgeschichte sichtbar wird, die sadduzäischen Hohenpriester aber als Gegner – außer Mt 2,4 und bei Johannes – erst in der Passionsgeschichte genannt werden. Möglicherweise ist ein ursprünglich stärkerer Gegensatz in der späteren Gemeinde – nach 70 nicht mehr aktuell – verwischt und auf die nunmehr allein mächtigen Pharisäer übertragen worden[55]. Ein schon früher schwelender Gegensatz zu den Sadduzäern würde es freilich verständlicher machen, daß die „Tempelreinigung" und ein (kaum zu rekonstruierendes) Tempelwort Jesu der sadduzäischen Tempelhierarchie am Ende den Anlaß zum Eingreifen gaben[56].

β) Die *Pharisäer* werden in der Passionsgeschichte – außer Mt

---

[55] Vgl. die Überlegungen von *G. Baumbach,* Jesus (s. Anm. 49) 61–67, der einen ursprünglich sadduzäischen Gegensatz hinter Mt 23,16–22 (Tempel), Mt 5,38 (ius talionis), 7,1–8 (Händewaschen), 9–13 (Entrichtung der Gelübde), 15 (Kult), 16,6.11ff (Sauerteig der Pharisäer und Sadduzäer) vermutet. Doch können alle die genannten Traditionen vor einem streng gehandhabten Aussonderungskriterium nicht bestehen; in der späteren nachösterlichen Gemeinde können diese Fälle auch als pharisäische Gegensätze ins Wort gelangt sein. Eingehender jetzt *G. Baumbach,* Die Stellung Jesu (s. Anm. 49) passim. – Siehe nunmehr auch: *K. Müller,* Jesus und die Sadduzäer: Biblische Randbemerkungen (Schülerfestschr. f. R. Schnackenburg) (Würzburg 1974) 3–24 (Lit. ebd. 5, Anm. 5).

[56] Siehe dazu u. unter b).

27,67 – nicht genannt[57]. Doch sollte man einen sich steigernden[58] Gegensatz zum Pharisäertum[59] nicht wegdisputieren, mag hier auch noch so sehr eine Verschärfungstendenz der Gemeinde am Werk sein[60].

b) Besser verzichtet man darauf, Jesu Verhalten und Wort in besonderen Gegensatz zu einer speziellen Gruppe des damaligen Judentums zu setzen[61]. Jesu Auslegung des Willens Gottes einerseits, sein Gnadenangebot an die Sünder andererseits brachte ihn wohl – jeweils mehr oder weniger – in *Gegensatz zu beiden maßgeblichen Gruppen* des damaligen Judentums[62], besonders tief zu den Pharisäern, am Ende ausschlaggebend aber zu den Sadduzäern:

α) Wir stehen geschichtlich auf sicherem Grund, wenn wir in Jesu Verhalten und Wort eine *Auslegung des Willens Gottes* erkennen, deren Radikalismus[63] auf Gottes Heiligkeit hin sowohl einer Ablehnung der pharisäischen Gesetzesauslegung wie der sadduzäischen Kultfrömmigkeit gleichkam[64]. Jesus hat sich nicht an gewisse Reinheitsvorschriften (vgl. nur Mk 2,14.15–17 parr;

---

[57] *G. Baumbach,* Jesus (s. Anm. 49), glaubt urteilen zu dürfen: „Die Pharisäer haben ... in der letzten und entscheidenden Phase von Jesu Wirksamkeit und bei seinem Tod keine Rolle gespielt, so daß sich daraus ihre Nichterwähnung in der evangelischen Passionstradition erklärt."

[58] Jesus ist bei Pharisäern noch zu Gast Lk 7,36ff, auch 11,37; 14,1.

[59] Vgl. *G. Baumbach,* Jesus (s. Anm. 49) 91–97; vgl. nur Lk 18,10–14a; 16,15 par Mt 23,28.

[60] Vgl. *W. G. Kümmel,* Die Weherufe über die Schriftgelehrten und Pharisäer (Matthäus 23, 13–36), in: Antijudaismus im Neuen Testament? (hrsg. von W. Eckert, N. P. Levinson und M. Stöhr) (München 1967) 135–147, und andere Beiträge dieses Bandes; *G. Baumbach,* Jesus (s. Anm. 49) 78–91.

[61] Vgl. das Für und Wider bei *G. Baumbach,* ebd. 61–71 91–97. – Der gefährliche (vgl. Sach 7,4) Vorwurf des Beelzebul-Bündnisses wird unterschiedlichen Gruppen in den Mund gelegt: Lk 11, 15 (τίνες), Mk 3,22 den Schriftgelehrten aus Jerusalem, Mt 12,24 (9, 34) den Pharisäern.

[62] *M. Hengel,* Gewalt und Gewaltlosigkeit (Calwer Hefte 118) (Stuttgart 1971) 43.

[63] Vgl. *H. Braun,* Spätjüdisch-häretischer und frühchristlicher Radikalismus. Jesus von Nazareth und die essenische Qumransekte I–II (Tübingen ²1958). Vgl. auch *R. Schäfer,* Jesus (s. Anm. 9); *F. Hahn,* Rückfrage (s. Anm. 29), bes. 41–44.

[64] Vgl. *M. Dibelius (W. G. Kümmel),* Jesus (Berlin ³1960) 103; *E. Käsemann,* Problem (s. Anm. 10) 208; *W. Schrage,* Verständnis (s. Anm. 1) 52f. – Vgl. die Ausführungen u. unter II, 1.

7,1–8.9–13.15 par Mt) und Sabbatgebote (vgl. nur Mk 2,23–28 parr; 3,1–6 parr; Lk 13,10–16 S; 14,1–6Q?; vgl. Mt 12,11) gehalten. Sosehr das Motiv der Sabbatübertretungen in der Tradition auch wuchern mag – es bleibt doch wohl ein historischer Kern[65]. Und sosehr die Notizen der Evangelisten über die jeweiligen Gegner gerade in diesem Punkt divergieren[66] – die pharisäische Observanz wird zumindest stark mitgetroffen gewesen sein. Ein derartiges Verhalten Jesu konnte eigentlich nicht gut gehen. Dabei fiel entscheidend ins Gewicht, daß Jesu radikale Offenbarung der Forderung Gottes in die Haltung des „unnützen Knechtes" (Lk 17,10) und des „Sünders" führte: „Gott sei mir gnädig, mir Sünder!" (Lk 18,13). Von daher mußte Jesus das jüdische Leistungsprinzip, insbesondere im Pharisäismus, ablehnen (vgl. Lk 18,10–14a; 17,7–10).

β) Ebenso stehen wir auf sicherem Grund, wenn wir die *Solidarität Jesu mit den Sündern* betonen. Überlieferungen wie Mk 2,17 parr; Lk 15,4–10 par Mt; 7,36–47 S; 15,11–32 S; 19,1–10 S; Mt 20,1–15 S – die sich also auf alle Traditionsstränge verteilen – haben von hier aus zumindest eine innere Zuverlässigkeit. Das mußte aber zu einem Kampf mit den Gesetzesfrommen führen[67]. Die Verteidigung Jesu spiegelt sich vielleicht in Gleichnissen wie Lk 15,4–10 par Mt; 15,11–32 S; Mt 20,1–15 S. Lk 7,34 par Mt hören wir den Vorwurf: „Seht, ein Fresser und Säufer, ein Freund von Zöllnern und Sündern." Aus diesem Verhalten Jesu entstand eine gespannte Situation, deren Gefährlichkeit Jesus nicht naiv beurteilen konnte.

Jesu Tod lag also schon in der Konsequenz seines Wirkens; im Endeffekt ist er dann aus dem Zusammenspiel mehrerer Faktoren zu erklären, die als Gefahrenmomente einzeln schon immer be-

---

[65] Vgl. *E. Fuchs*, Die Frage (s. Anm. 35) 159; *J. Roloff*, Das Kerygma und der irdische Jesus. Historische Motive in den Jesus-Erzählungen der Evangelien (Göttingen 1969) 52–88; *J. Jeremias*, Theologie I (Anm. 20) 265f.

[66] Vgl. *G. Baumbach*, Jesus (s. Anm. 49) 95f.

[67] Vgl. *W. Schrage*, Verständnis (s. Anm. 1) 51f; *O. Hofius*, Jesu Tischgemeinschaft mit den Sündern (Calwer Hefte 86) (Stuttgart 1967); *H. Kessler*, Erlösung (s. Anm. 26) 18–22 24f u. s.; *J. Moltmann*, Der gekreuzigte Gott (s. Anm. 42) 121f.

drohlich waren. Wenn man die vorstehend genannten Gefahren zusammennimmt, darf man zu dem Schluß kommen, daß Jesus mit der Möglichkeit seines gewaltsamen Todes ernstlich rechnen konnte und eigentlich rechnen mußte, wenn er nicht schwärmerisch der Überzeugung war, das Hereinbrechen der unmittelbar nahen Basileia würde ihn zuvorkommend aus allen Gefahren erretten (s. dazu oben!). Sein allzu publikes Auftreten und speziell seine eschatologisch-apokalyptisch gefärbte Botschaft vom nahenden Königtum kann ihn bei den Römern und wird ihn bei seinem Landesherrn unbequem bzw. verdächtig gemacht haben; eigentlich gefährlich aber wurde sein Verhalten und seine Botschaft wohl, weil sie ihn – in unterschiedlicher Weise – in Gegensatz zur Jerusalemer Hierarchie sowohl wie zu den Pharisäern brachten. Jesus konnte nur mit dem möglichen gewaltsamen Tod vor Augen leben, wirken und verkünden, was in der Forschung heute weitgehend zugestanden wird[68].

II. Läßt sich eine Bereitschaft Jesu für ein mögliches Todesgeschick wahrscheinlich machen?

Das Urteil von R. Bultmann steht hart im Raum: Wie Jesus in seinem Todesschicksal am Ende „einen Sinn gefunden hat, können wir nicht wissen. Die Möglichkeit, daß er zusammengebrochen ist, darf man sich nicht verschleiern."[69]

Das Spiel mit jener „Möglichkeit" ist – angesichts der Gesamt-

---

[68] Vgl. *A. Vögtle,* in: Ökumenische Kirchengeschichte (hrsg. von E. Kottje und B. Möller) (Mainz – München 1970) 21 (hier zitiert: ÖK); *H. Kessler,* Bedeutung (s. Anm. 42) 228–235, verweist auf *W. Marxsen, G. Bornkamm, W. Schrage, F. Mildenberg, M. Hengel, E. Fuchs, H. Schlier.* Siehe auch *H. Patsch,* Abendmahl (s. Anm. 21) 212. Nach *E. Grässer,* Die Naherwartung Jesu (StBSt 61) (Stuttgart 1973) 93 gibt es „gerade auch unter den kritischen Forschern einen weitreichenden Konsens, daß Jesus sein Ende ganz bewußt in Rechnung gestellt" hat; Anm. 224 nennt er „z.B. Bornkamm, Jesus 142f; H. Conzelmann, RGG³ III 647; J. Robinson, Kerygma und historischer Jesus 109; E. Fuchs, ZThK 1956, 222; Kümmel, Theologie 76ff; Colpe, ThW VIII 446f".

[69] Siehe dazu oben Anm. 1; auch *E. Jüngel,* Tod (s. Anm. 1) 137; distinguierend dazu *E. Fuchs,* Zur Frage (s. Anm. 38) 19 446ff. Vgl. *P. Stuhlmacher,* Das Bekenntnis zur Auferweckung Jesu von den Toten und die biblische Theologie, in: ZThK 70 (1973) 365–404, bes. 395.

verkündigung Jesu – nur verständlich, wenn ein Theologumenon als blinder Fleck das Sehen trübt[69a]. Das gleiche wäre zu sagen von dem Postulat, Jesus müsse vom „Unsinn“ überwältigt worden sein, weil die Auslieferung an die Antwortlosigkeit zum Menschen – damit auch zu Jesus – gehöre[70]. Auch im antwortlosen Dunkel einer Frage wie Mk 15,34[71] kann es die unkategoriale Antwort rechten sittlichen Verhaltens geben.

Denn haben wir wirklich kein Mittel, jenes „Non possumus“ (das eine ignorantia affectata zu sein scheint; s.o. einleitend) methodisch anzugehen, und ist die genannte „Möglichkeit“ von einem Gesamtverständnis des Wirkens und Verhaltens Jesu her wirklich ernstlich in Erwägung zu ziehen? Es ist legitim, Jesu Verhalten in der Märtyrersituation von seinen eigenen Forderungen her zu erhellen. Das ist darum legitim, weil – trotz der Übermächtigkeit der Ostererfahrung – die „Sache Jesu“, die Verkündigung

---

69a Vgl. dagegen nunmehr auch *H. Hahn,* Rückfrage (s. Anm. 29) 51: „Zum Auftreten Jesu gehört... die Tatsache... daß er selbst offensichtlich von Anfang an bereit war, den Weg zum Kreuz zu gehen.“ *E.-H. Amberg,* Bemerkungen zur Christologie, in: ThLZ 99 (1974) 1–10, hier 5, kann formulieren: „Es ist sicher keine unangebrachte Psychologisierung, wenn zur Interpretation des Kreuzes auch diese Bejahung und Annahme des Kreuzes durch Jesus einen entscheidenden Stellenwert erhält. Im einzelnen ist so von Jesu Gehorsam gegen Gott und Jesu Treue gegen die Menschen zu reden, und zwar im Sinne von unbegrenztem Gehorsam und unbegrenzter Treue... Jesus hält es nicht für eine ‚Beute‘, am Leben zu bleiben. Jesus will nicht um jeden Preis (weiter-)leben, nicht um den Preis, daß alles beim alten bleibt, z.B. der Sünder bei der Sünde! Das führt zur nächsten ‚Grenzüberschreitung‘: Jesu Gehorsam und Treue finden ihre Grenzen weder an der Sünde der Menschen noch an Jesu eigener Gerechtigkeit. Jesus hat nicht nur im Leben die Grenzen zu den Sündern überschritten, indem er mit ihnen Gemeinschaft hielt; er stirbt auch den Tod des Sünders, ohne Sünder zu sein. Damit wird der äußerste Grad seiner Hingabe in Gehorsam und Treue erkennbar.“

70 Vgl. *N. Scholl,* Jesus – nur ein Mensch? (München 1971) 91–99, im Anschluß an *G. Maienberger,* Jesus starb umsonst (Freiburg i.Br. ²1970), bes. 79–89; vgl. ebd. 79, Anm. 1, und in der HerKorr 22 (1968) 360–363 die Berichte über die sich anschließende „Kontroverse über den Kreuzestod“.

71 Jesu „letztes Wort“: „Mein Gott, mein Gott, warum hast du mich verlassen“ (Mk 15,34 par Mt), muß redaktionell im paradoxen Zusammen mit dem Bekenntnis des Zenturio Mk 15,39 gelesen werden: Trotzdem und gerade so „war wirklich dieser Mensch – Sohn Gottes!“ Zudem muß die Kontrapunktik mit dem Ölbergkampf dieses „Menschen“ Mk 14,32–42 gesehen werden, der seine Lösung findet in dem Gebet 14,36; vgl. Lit. zu Mk 15,34 u. S. 146, Anm. 43.

der hohen sittlichen Forderungen Jesu, nachösterlich gewiß nicht weitergegangen wäre, wenn die ersen Zeugen darum gewußt hätten, daß Jesus in seinem Todesgeschick sittlich gescheitert wäre. Gewiß hätten diese Forderungen Jesu nicht unter den ersten Zeugen und Jüngern Jesu – und dann über 2000 Jahre hin – diese eminent mächtige Wirkgeschichte gehabt, ein theozentrisches Ethos solcher Art bis zur Martyriumsbereitschaft zu entfachen.

1. Wenn irgend etwas charakteristisch ist für die Predigt Jesu, dann ist es die Radikalität, mit der er *die Forderung Gottes* allen Verkürzungen und Umbiegungen zum Trotz sichtbar macht, seine radikale Theozentrik[72]: die Forderung der Gottesliebe aus ganzem Herzen und mit aller Kraft (Mk 12,30 parr), die allein auf den Vater schaut, „der im Verborgenen sieht", die „Gott gibt, was Gottes ist" (Mk 12,17b) und den Dienst Gottes als einen keine Konkurrenz duldenden ausschließlichen definiert (Mt 6,24 par), die Gehorsamsforderung, welcher der „Wille Gottes" alles ist (Mk 3,35 parr; Mt 21,28–31), welche die Tora verschärft im Sinne radikaler Gänzlichkeit (Mt 5,21–22a.27–28.33–34a.37), die dabei neuen Wein nicht in alte Schläuche füllen will (Mk 2,21f parr) und selbst noch bei gänzlicher Erfüllung um die eigene Unzulänglichkeit weiß (Lk 17,7–10). Wenn aber diese theozentrische Gänzlichkeit für die Forderung Jesu unbestreitbar fundamental ist, ist die Annahme wohl nicht abwegig, daß Jesus sich selbst auch zu diesem radikalen Gehorsam bekannt hat[73], als der Wille Gottes in der Gestalt des Märtyrerschicksals auf ihn zukam. Sachlich wird das Richtige getroffen sein, wenn die Tradition Mk 14,32–42 Jesus mit dem Gebet in den Tod gehen läßt: „Nicht was ich, sondern was du willst!" (14,36c parr).

2. Forderungen Jesu an seine Jünger zur *Martyriumsbereitschaft* bestätigen diese Annahme. In dem Wort an die Nachfolgenden

---

[72] Vgl. auch *G. Bornkamm,* Jesus (s. Anm. 48) 142, auch o. Anm. 63.

[73] Siehe oben (unter I, 2bα); vgl. so auch *G. Delling,* Der Kreuzestod (s. Anm. 6) 72f; nunmehr auch *F. Hahn,* Rückfrage (s. Anm. 29) 51: „Wo es um ein so uneingeschränktes Verhältnis zu Gott als Vater und Auftraggeber wie in Jesu Wirken geht, kann dessen Sterben nicht außerhalb dieser Relation stehen, ist daher nicht abgesehen von diesem Gottesverhältnis zu verstehen." Vgl. ferner unseren u. in Anm. 105 genannten Beitrag.

„Wer nicht sein Patibulum trägt ...“ (Lk 14,27 par; vgl. Mk 8,34 parr) kann das Patibulum nachösterlich eingetragen sein, muß es aber nicht (Mk 8,34a: „sich selbst verleugnen“ ist schwerlich die ursprüngliche Grundaussage). Dieses Wort wird Jesus dann aber als Forderung an sich selbst gerichtet haben, bevor er es seinen Jüngern zusprach. Aufgrund dieser Jüngerforderung dürfte man dann zu dem Schluß kommen: Jesus hat selbst die Möglichkeit eines gewaltsamen Todes innerlich gelebt. Das allgemein gehaltene Wort Mk 8,35 parr: „Wer sein Leben retten will, wird es verlieren; wer aber sein Leben verlieren wird ... wird es retten“ (vgl. Lk 17,33 par; 14,26) [74] artikuliert ebenfalls eine gefährliche Situation. Das gleiche gilt für Mt 10,28 par: „Und fürchtet euch nicht vor denen, die den Leib töten, die Seele aber nicht töten können; fürchtet mehr den, der Seele und Leib in der Hölle verderben kann.“ Sowenig alle sonstigen Worte, die Verfolgungen in Gegenwart und Zukunft ankündigen [75] und zur Martyriumsbereitschaft aufrufen, vor dem kritischen Aussonderungskriterium bestehen können – Worte wie die vorstehend zitierten scheinen immerhin doch situationsgerecht in die gefährliche Lage Jesu zu passen.

3. Von seinen eigenen Jüngern verlangte Jesus in gefährlicher Situation ein *vertrauensvolles Verhalten:* „Verkauft man nicht zwei Sperlinge für einen As? Und nicht einer fällt zur Erde ohne euren Vater ... Darum fürchtet euch nicht; ihr seid mehr wert als viele Sperlinge“ (Mt 10,29.31 par). „Die Haare eures Hauptes wurden alle gezählt“ (Lk 12,7a par). Freilich stehen wir hier nicht auf sicherem Grund, weil es verwandtes jüdisches Spruchgut gibt [76], so daß das unerbittliche Aussonderungskriterium uns kein sicheres Argumentieren mit solchen Forderungen Jesu erlaubt.

---

[74] Vgl. *G. Dautzenberg,* Sein Leben bewahren (StANT XIV) (München 1966), bes. 51–67. Auch der Zelotismus hätte eine derartige Forderung aufstellen können; vgl. *A. Schlatter,* Der Evangelist Matthäus (Stuttgart ^{6}1959) 350f; *M. Hengel,* Die Zeloten (Leiden – Köln 1961) 266.

[75] Vgl. etwa noch Mk 8,36f parr; 10,35–40 par Mt; 13,9 parr; 13,13 parr; 14,27f par Mt; Lk 6,22f par (vgl. Mt 5, 10; Lk 6,26); 11,47f par. 49ff par; 12,11f par.; Lk 22,35–38 S; Mt 10,23.25c S.

[76] Vgl. *Billerbeck* I, 582–585.

Jedoch läßt sich mit größerer Gewißheit auf andere Worte Jesu verweisen, die speziell den engeren Jüngerkreis ansprechen und nachösterlich schwerlich so formuliert worden wären; sie lassen das Vertrauen auf die Vorsehung des „Vaters" als einen Grundzug der Haltung und Forderung Jesu erkennen, vgl. nur Lk 12,22b–24.27–31.33–34 par; 10,4–7 par; Mt 6,11. Die Annahme wäre unberechtigt, Jesus hätte dieses fundamentale Vertrauen auf die providentia specialissima des Vaters, auf dem die vita communis mit seinem Jüngerkreis basierte (vgl. Lk 22,35–38), nicht – in einer analogen Weise – durchgehalten angesichts des erwarteten Todes. „Jesus bleibt seinem Gott treu, schickt sich in sein Unterliegen und vertraut darauf, daß die Saat auch ohne sein Sorgen aufgeht."[77] Das wird nun ausdrücklich bezeugt in der doppelten Todesprophetie, die hinter Lk 22,15–18 (par Mk 14,25) zu eruieren ist (s. u.): Jesus weiß hier voller Heilszuversicht, daß die Basileia kommt trotz seines Todes und daß er dann in vollendeter Weise Pascha feiern und aus dem Festbecher des endzeitlichen Mahles trinken wird. Aufgrund von Mk 14,25 par „rechtfertigt die Überlieferung keinen Zweifel", daß Jesus seinen Tod „als gottgewolltes Geschehen auf sich nahm ... und damit die Gewißheit der Erfüllung seiner eschatologischen Botschaft, der endlichen Realisierung der Gottesherrschaft verbunden hat"[78]. Jesus weiß, daß trotz des Scheiterns seines Auftrages und trotz seines Todes das Heil Gottes kommt.

Das Wissen um einen sittlichen Zusammenbruch Jesu im Todesgeschehen hätte einer nachösterlichen Überlieferung dieser genannten drei Gruppen von Worten Jesu den Boden entzogen und ihr keinen Ermöglichungsgrund gewährt, darf mit einiger Zuversicht gesagt werden. Eine positive Beantwortung der nun folgenden beiden Fragen wird das hier erschlossene Ergebnis weiter absichern.

---

[77] Vgl. *R. Schäfer,* Jesus (s. Anm. 9) 87, auch *H. Kessler,* Erlösung (s. Anm. 26) 24.

[78] So *A. Vögtle* in: ÖK (s. Anm. 68) 24. – Siehe Näheres dazu u. Anm. 100.

III. Hat die erkannte Todesgefahr Jesu Verhalten bestimmt?

Jesu gewaltsames Ende war – historisch gesehen – ein sinnloses Geschehen; aber hat Jesus diese auf ihn zukommende Sinnlosigkeit in sein Verhalten genommen? Das sich Jesus zuschickende Geschick und sein diesem Geschick entsprechendes Verhalten (und Wort) lassen sich nicht säuberlich trennen; Jesus verhält sich eben so, daß er sich in das ihm Zugeschickte schickt. Man wird sagen dürfen, daß über ein vages Rechnen mit der Möglichkeit hinaus Jesu Verhalten – je mehr es dem Ende zuging – von diesem Todeswissen her bestimmt war. Das erkennbare Verhalten Jesu bestätigt den obigen Schluß, den wir aus den Forderungen Jesu glaubten ziehen zu dürfen: Jesus hatte ein inneres Verhältnis zur Möglichkeit des Märtyrertodes. Jesu Verhalten läßt darüber hinaus seine „Haltung" in diesem Geschick erkennen, die nicht nur als passive Fügsamkeit verstanden werden kann:

1. Hinter der vormaligen Überlieferungseinheit Lk 10,1 + Mt 10,5b.6 + Lk 10,8–11 läßt sich eine *einmalige Aussendungstat Jesu* zumindest mit Gründen vermuten[79]: eine letzte große Anfrage an Israel vor dem Ende an „jegliche Stadt und Ortschaft" (Lk 10,1) – eine emphatische Aktion, die in ihrer deutlichen Aussichtslosigkeit fast zu einem abgehobenen Zeichengeschehen wird, das vernünftigerweise eigentlich nur aus dem Gedanken des Scheiterns erklärt werden kann, wenn man Jesus nicht als unrealistischen Phantasten verstehen will.

2. Der Einzug in Jerusalem (Mk 11,1–10 parr) und die ihm vorangehende messianische Ovation können hier in ihrer ganzen Problematik nicht weiter bedacht werden[80]. Daß Jesus aber trotz

---

[79] Vgl. *H. Schürmann*, Mt 10,5b–6 und die Vorgeschichte des synoptischen Aussendungsberichtes (1963), in: Traditionsgeschichtliche Untersuchungen (Gesammelte Aufsätze I) (Düsseldorf 1968) 137–149. – Korrekturnachtrag: Eine solche bezweifelt *P. Hoffmann*, Studien zur Theologie der Logienquelle (NTA N. F. 8) (Münster 1972) 235–334, bes. 262; seine Argumente erlauben weiterhin eine begründete „Vermutung".

[80] Vgl. die kritischen Bemerkungen von *H. Baumbach*, Jesus (s. Anm. 49) 25f; vgl. ferner *H. Patsch*, Der Einzug in Jerusalem. Ein historischer Versuch, in: ZThK 68 (1971) 1–26.

aller gespannten Situation überhaupt *nach Jerusalem geht* und vermutlich hier „die letzte Entscheidung gesucht hat“ [81], muß von dem nüchternen Wissen des Risikos getragen gewesen sein. Jesus hat wissen können, „daß er in Jerusalem einem Todesschicksal entgegengeht“, und „er ist trotzdem nach Jerusalem gegangen“ [82].

3. Wir müssen hier nicht auf die schwierige Frage reflektieren, was es näherhin mit der *Tempelreinigung* (Mk 11,15f parr) [83] und dem *Tempelwort* (Mk 14,58 par Mt; vgl. Joh 2,19; Mk 15,29 par Mt; vgl. Mt 12,6, auch Apg 6,14; Mk 13,2) [84] auf sich hatte; für unsere Argumentation genügt die kaum zu bestreitende Feststellung, daß Jesus mit der Tempelaktion seinen Gegnern den Anlaß bot zu seiner Festnahme [85], was besonders deutlich wäre, wenn die Vollmachtsfrage Mk 11,27–33 parr in einem früheren Zusammenhang auf Mk 11,15f parr gefolgt wäre [86]. „Der Kampf gegen die geistlichen Führer des Volkes war damit von ihm selbst eröffnet.“ [87] Daß Jesu Verhalten und Wort provozierend war, mußte Jesus sehen. „Man kann sich ... kaum dem Eindruck entziehen,

[81] *G. Bornkamm,* Jesus (s. Anm. 48) 143; auch *H. Conzelmann* in: RGG III ([3]1959) 647; *E. Grässer,* Naherwartung (s. Anm. 68) 93; dagegen kritisch *R. Bultmann,* Verhältnis (s. Anm. 1) 12.

[82] *W. G. Kümmel,* Theologie (s. Anm. 17) 77; vgl. *H. Kessler,* Erlösung (s. Anm. 26) 24.

[83] Schwerlich steht hinter dieser Tat das Interesse eines „Propheten“ (vgl. Zach 14,21b) an der Reinheit dieser Kultstätte als solcher; noch weniger kann sie zelotisch gedeutet werden. Vermutlich wird sie als ein eschatologisches Erfüllungszeichen verstanden werden müssen: „Mein Haus wird genannt werden Haus des Gebetes für alle Völker“ (vgl. Jes 56,7; Jer 7,17). „So gewiß diese Anbetung eine alte eschatologische Hoffnung ist, so gewiß ist dann diese Tat eschatologische Vorbereitung, und die Erfüllung steht vor der Tür“; so *E. Lohmeyer,* Das Evangelium nach Markus (MeyerK I/2) (Göttingen 1963) 237; *G. Bornkamm,* Jesus (s. Anm. 48) 146, sieht dann aber vielleicht richtig: Jesus „reinigt das Heiligtum für den Anbruch der Gottesherrschaft. Man darf diesen eigentlichen Horizont des Geschehens nicht außer acht lassen und auch nicht den Anspruch, den diese Tat bekundet“. Vgl. auch *H.-W. Bartsch,* Jesus, Prophet und Messias aus Galiläa (Frankfurt 1970) 46–49 52; *J. Roloff,* Kerygma (s. Anm. 65) 89–110.

[84] Vgl. *O. Betz,* Was wissen wir von Jesus? (Berlin 1965) 59–62.

[85] Vgl. *G. Bornkamm,* Jesus (s. Anm. 48) 147, und die überzeugenden Darlegungen von *G. Baumbach,* Jesus (s. Anm. 49) 65–68.

[86] Vgl. dazu *R. Bultmann,* Die Geschichte (s. Anm. 19) 36.

[87] *G. Bornkamm,* Jesus (s. Anm. 48) 146; vgl. auch *M. Dibelius (W. G. Kümmel),* Jesus (s. Anm. 64) 105f.

daß ... Jesu Auftreten in Jerusalem eine Provokation der Polizei gewesen ist, weil mindestens Händel zu erwarten waren ... Die ... Frage, ob Jesus ... naiv in die Situation hineinglitt oder ob er die Konsequenzen bewußt auf sich nahm, ist ... schon aus seiner Verkündigung beantwortet. Die Evangelien meinen mit Recht, Jesus sei den Kreuzweg bewußt gegangen."[88]

4. Von der Tempelaktion Jesu aus[89] fällt Licht auf sein *letztes Abendmahl.* Wie auch immer es damit stehen mag: die Tradition, daß Jesus im Angesicht des nahenden Todes ein festliches[90] Mahl veranstaltet hat und daß dieses den Charakter eines Abschiedsmahles[91] hatte, wird meist nicht bestritten. Die Ausdeutung der Abendmahlshandlung Jesu wird angsichts der Forschungslage, die die genaue Rekonstruktion der überlieferten Deuteworte kritisch beurteilt, über die Gebegesten Jesu nachdenken müssen; das Brotbrechen zu Beginn des Mahles und die Becherdarbietung am Ende können als „eschatologische Zeichenhandlungen" gedeutet werden, wofür wir hier auf Ausführungen andernorts[92] verweisen müssen: In emphatischen Gebegesten spricht Jesus, Abschied nehmend, seinen Tischgenossen die Güter des eschatologischen Mahles zu.

Die angeführten Verhaltensweisen Jesu, selbst wenn sie nicht als bewußt intendierte „Zeichenhandlungen", als „eschatologische Erfüllungszeichen gedeutet werden dürften[93], konvergieren doch mit einiger Wahrscheinlichkeit auf die Annahme hin, Jesus

---

[88] *E. Fuchs,* Zur Frage (s. Anm. 38) 18f.; vgl. schon *ders.,* Die Frage (s. Anm. 35) 158.

[89] Vgl. auch *R. Schäfer,* Jesus (s. Anm. 9) 83; „Es ist sehr wohl möglich, daß Jesus, der in der religiösen Welt der Propheten lebt, hier ähnlich wie beim letzten Abendmahl eine Zeichenhandlung gibt."

[90] Vgl. *H. Schürmann,* Die Gestalt der urchristlichen Eucharistiefeier (1955), in: Jesu Abendmahlshandlung als Zeichen für die Welt (Die Botschaft Gottes II/27) (Leipzig 1970) 13–62.

[91] Vgl. *G. Bornkamm,* Jesus (s. Anm. 48) 148.

[92] Vgl. näherhin *H. Schürmann,* Das Weiterleben (s. Anm. 14) 1–23.

[93] Es kann hier nicht wiederholt werden, was wir andernorts breiter ausführten: „Die Symbolhandlungen Jesu als eschatologische Erfüllungszeichen. Eine Rückfrage nach dem irdischen Jesus" (1970), in: Das Geheimnis Jesu. Versuche zur Jesusfrage (Die Botschaft Gottes II/28) (Leipzig 1972) 74–110; vgl. auch *F. Hahn,* Rückfrage (s. Anm. 29) 46.

habe seinen vorausgesehenen Tod bewußt in sein Verhalten genommen.

Damit ist keineswegs behauptet, Jesus habe seinen Tod – sozusagen als sein eigentliches Lebensziel – provoziert (s. dazu unten). Wohl aber wird genügend deutlich, daß er sich nicht nur passiv in dieses ihm zukommende Geschick gefügt hat, sondern daß er es aktiv in sein Verhalten aufgenommen hat. Die Möglichkeit, daß er – auch angesichts des Scheiterns seines unmittelbaren Auftrages – ihm einen Sinn, vielleicht gar eine Heilsbedeutsamkeit zusprechen konnte, kommt von daher in den Bereich der Möglichkeit. Damit sind wir bei unserer nächsten Frage.

IV. Konnte Jesus das auf ihn zukommende Todesgeschick mit seiner Sendung zusammendenken?

„Selbst wenn der Tod als die äußerste denkbare Konsequenz aus dem Wirken Jesu zu vertreten ist, die dem Wirken erst den eigentlichen Sinn gibt, dann ist damit immer noch nicht dieser Tod als Heilsereignis verstanden."[94] Letzteres ist richtig. Aber ist es auch wahr, „daß der Tod Jesu Wirken erst den eigentlichen Sinn" gibt? Es wäre zunächst doch die ganz andere Erfüllung des Wirkens Jesu – das Kommen der Basileia – sinnvoll gewesen. Die Frage sollte zurückhaltender gestellt werden – etwa so wie unsere Überschrift es versucht.

„Es kann ... nicht gänzlich ausgeschlossen werden [!], daß Jesus das sich ihm aufdrängende Todesschicksal am Ende als etwas sehen lernte, das unter diesen Umständen mit Gottes unbegreiflicher Führung zusammenhing, das also nicht einfach gott-los war."[95] Diese positive Antwort würde der Frage unserer Überschrift noch nicht Genüge tun, die nach der inneren Vereinbarung des Sendungs- und Todesgedankens sucht. „Es ist ... zu erwarten,

---

94 *W. Marxsen,* Erwägungen (s. Anm. 1) 163.

95 *H. Kessler,* Die Bedeutung (s. Anm. 42) 234f; *ders.,* Erlösung (s. Anm. 26) 25.

daß Jesus, wenn er seinen Tod hat kommen sehen, diesem die von ihm intendierte Bedeutung hat aufprägen wollen, und es wäre kaum zu begreifen, wenn er im Bewußtsein, eine Sendung auszuführen, gelebt und seinen Tod doch nicht von dieser Sendung her gedeutet hätte."[96] Sicher ist: Jesus „wollte kaum seinen Tod. Er wollte Israels Glauben."[97] Aber besagt das: „Die übrigen Dinge ließ er offen – für Gott"?[98] Bestand nicht die Möglichkeit für Jesus, seinen Auftrag und sein Scheitern in diesem Auftrag zusammenzudenken?[98a] Die Frage läßt sich in zwei Fragen auflösen:

1. An sich besteht kein Widerspruch in der Annahme, Gott würde seine Königsherrschaft aufrichten und sein Heil verwirklichen auch über *das Scheitern* seines letzten Boten hinweg. Zwar muß das Kommen der Basileia eng mit der Gegenwart Jesu zusammengedacht werden: „Wenn er Dämonen austreibt, wenn er Kranke heilt, wenn er durch seinen Ruf Menschen in den Glauben hineinstellt, wenn er an seinem Tisch Zöllnern und Sündern die endzeitliche Mahlgemeinschaft gewährt, wenn er sagt, daß der kommende Menschensohn richten wird entsprechend dem jetzigen Verhalten der Menschen zu ihm – dann nimmt er damit die Zukunft vorweg."[99] Aber die souverän aus Gottes Macht und Heilswillen kommende Basileia ist nicht so an die Gegenwart Jesu gebunden, daß Gott sie nicht auch in oder nach dem Scheitern oder gar durch das Scheitern Jesu verwirklichen könnte.

Hinter Lk 22,15–18 par Mk 14,25 – eine vom urchristlichen Abendmahlsinteresse übermalte Einheit – ist eine ursprüngli-

---

[96] *J. Guillet,* Die Mitte der Botschaft Jesu: Jesu Totenauferstehung, in: IKZ 3 (1973) 225–250, hier 233; vgl. *ders.,* Jesus vor seinem Tod (Einsiedeln 1973).

[97] *H. Kessler,* Die Bedeutung (s. Anm. 42) 234.

[98] *Ders.,* ebd. 233; vgl. auch *R. Schäfer,* Jesus (s. Anm. 9) 87.

[98a] *W. Kasper,* Der Glaube an die Auferstehung Jesu vor dem Forum der historischen Kritik, in: ThQ 153 (1973) 229–241, hier 236, stellt fest, „daß Jesus seine eschatologische Verkündigung, seine ‚Sache' also, wesentlich mit dem eschatologischen Anspruch seiner Person verbunden hat. Mit seinem Kommen war die *basileia* im Kommen." Dann erhebt sich aber die Frage: „Was war dann aber mit seinem Tod? War damit auch seine ‚Sache' tot?"

[99] *W. Marxsen,* Erwägungen (s. Anm. 1) 164.

chere doppelte Todesprophetie Jesu rekonstruierbar[100], die in Hoffnung getaucht ist: Jesus wird – jenseits des Todes – wieder Pascha feiern und Festmahl halten im gewiß kommenden Königtum Gottes! Sein Tod wird das Heil nicht aufhalten, und er selbst wird nicht im Tode gelassen[101]. Der Anbruch der Basileia und Jesu gewaltsamer Tod können also durchaus im Miteinander gedacht werden, wenn man – wie dieses Logion es tut – mit der Souveränität Gottes und seinem Heilswillen ernst macht.

2. Wichtiger ist die Frage, ob Jesus seinen Tod auch als *effektiven Heilstod* mit seinem Auftrag, die Basileia zu verkünden, zusammendenken konnte, wie es das eucharistische Weinwort in allen Fassungen, besonders in der Form von Lk 22,20a par 1 Kor 11,25 tut: „Dieser dargereichte Weinbecher gibt Anteil an der von den Propheten verheißenen Neuen Diatheke, die zustande kommt aufgrund meines Martyrertodes" – so könnte man paraphrasieren.

Aber hier werden nun Einwände erhoben[102]: Die „Annahme eines verschwiegenen Vorauswissens Jesu" von der Heilsbedeutung seines Todes würde „eine geradezu unerträgliche Spannung, ja unwürdige Widersprüchlichkeit" in Jesus „selbst voraussetzen": „Ich predige bewußt so, als ob die Erfüllung meiner religiös-sittlichen Forderung die einzige Bedingung der Heilserlangung wäre, und verrate nichts von der Heilsnotwendigkeit meines künftigen Sterbens – um meine Forderung der radikalen Umkehr und Stetsbereitschaft nicht illusorisch zu machen."[103]

Dazu zwei Fragen:

---

[100] Vgl. *H. Schürmann*, Der Paschamahlbericht Lk 22, (7–14.)15–18 (NTA XIX/5) (München ²1968): Die Zeitangabe „bevor ich leide", die Aufforderung von V 17b, das doppelte begründende „Denn" in V 16 und 18 sind redaktionelle Zutaten; Mk 14,25 ist gegenüber Lk 22, 18 ursprünglicher. Siehe auch u. (unter VIII, 2a).

[101] Erwähnenswert ist hier auch die Überlegung von *W. Thüsing* in: *K. Rahner – W. Thüsing*, Christologie – systematisch und exegetisch (QD 55) (Freiburg i. Br. – Basel – Wien 1972) 131: „Eine (selbstverständlich rudimentäre) Passionstheologie ist auch dann schon gegeben, wenn die Annahme des Todes durch Jesus mit der radikalen Nachfolgeforderung verknüpft wird – in der Weise, daß die Verheißung der Doxa mitgegeben ist (vgl. die synoptischen Lohnverheißungen)."

[102] So *A. Vögtle* in: ÖK (s. Anm. 68) 21. [103] *Ders.*, ebd.

a) Es darf zunächst rückgefragt werden, ob Jesus den Anbruch der Basileia und damit des angesagten Heiles Gottes wirklich an die einzige Bedingung „der radikalen Umkehr- und Stetsbereitschaft“ gebunden hat, als „einzige Bedingung der Heilserlangung“. Ein solches Verständnis der Predigt Jesu harmoniert nicht mit dem, was wir über sein Gnadenangebot und seinen Umgang mit Sündern wissen. Jesus hat den souveränen Anbruch der Basileia und des Heiles Gottes nicht so an menschliche Bedingungen geknüpft. Er wird ihn aber von daher durchaus mit seinem eigenen Scheitern zusammengedacht haben können (s.o.).

b) Weiter darf entgegnet werden: Hinter dem genannten Einwand steht ein einseitig auf die eschato-logische Verkündigung hin verzerrtes Gesamtbild Jesu, das die theo-logischen Elemente der Verkündigung Jesu nicht ernst genug nimmt. Jesus hat nicht nur das nahe eschatologische Heil verkündet, sondern auch auf den unendlich heiligen Gott verwiesen, der von seinen Söhnen und Knechten Ganzhingabe verlangt[104]. Das seit J. Weiß sehr verbreitete „paneschatologische“ Bild Jesu darf schon in Frage gestellt werden[105]. Ein theo-logisch ausgeweitetes Bewußtsein, für

---

[104] Siehe oben (unter I, 3a und II, 1).

[105] Vgl. *H. Schürmann*, Das hermeneutische Hauptproblem der Verkündigung Jesu. Eschato-logie und Theo-logie im gegenseitigen Verhältnis (1964), in: Traditionsgeschichtliche Untersuchungen zu den synoptischen Evangelien (Gesammelte Aufsätze I) (Düsseldorf 1968) 13–35 (dort weitere Ausleger, die das Problem sehen und in ihrer Weise zu lösen versuchen; bes. *H. Conzelmann*, Zur Methode der Leben-Jesu-Forschung, in: ZThK 56 [1959], Beih. 1,2–13, bes. 11ff). – *A. Vögtle*, „Theo-logie“ und „Eschato-logie“ in der Verkündigung Jesu?, in: Neues Testament und Kirche (Festschr. für R. Schnackenburg) (Freiburg i.Br. – Basel – Wien 1974) 371–398, sieht richtig, daß ich die „Naherwartung“ in der Verkündigung Jesu „relativiert“ haben möchte, weil sie mir nämlich vom Gesamt der Verkündigung Jesu her relativiert zu sein scheint, von der Gesamtverkündigung her dann auch durchaus interpretationsbedürftig, wobei mir nach wie vor die „christologische“ Interpretation sachgerechter zu sein scheint als die existentiale. Zudem: können wir eigentlich Jesu Basileiaverständnis – nach einigen Jahrzehnten traditionsgeschichtlicher und – vor allem – redaktionsgeschichtlicher Forschung noch so selbstsicher darlegen und nach den linguistischen Unterscheidungen zwischen *langue* und *parole* so eindeutig aus der Apokalyptik verstehen? – Auch *F. Hahn*, Rückfrage (s. Anm. 29) 47f – gegen H. Conzelmann – scheint mir die Lösung zu verfehlen, wenn er das Problem von der Theozentrik Jesu auf sein „Schöpferhandeln“ verschiebt. Doch darüber müßte eigens gehandelt werden.

das der „Wille Gottes“ ein entscheidender Faktor ist, der alles eigene Tun und Lassen bestimmt, kann spannungsreich allerlei zusammenbringen. Eine an Gott gebundene Glaubenshaltung[106], welche die endgültige Entscheidung dem Vater überläßt[107], kann doch gar nicht anders als auf die verschiedenen offenen Möglichkeiten Gottes hin agieren: Jesus mußte den gewissen Auftrag Gottes, die Basileiaverkündigung, durchhalten, mußte sich aber ebenso fügsam für die andere Möglichkeit Gottes, das Gnadenwirken Gottes im eigenen Scheitern oder gar aufgrund der eigenen Todeshingabe, bereithalten[108].

Die *Möglichkeit,* daß Jesus seinen Tod und diesen sogar als Heilstod mit seiner Basileiaverkündigung zusammendenken *konnte,* kann also schwerlich in Abrede gestellt werden. Aber noch mehr: Wenn wir Jesus mit einem gängigen Urteil als den letzten Boten Gottes verstehen, der die nahende Basileia anzuzeigen und zu verkündigen hatte, dann muß doch der positivistischste Historiker fragen, ob dieser so qualifizierte Bote des eschatologischen Heils dieses sein und seiner Botschaft katastrophales Ende nicht in eine positive Beziehung gesetzt haben kann zur durchgehaltenen Heilsverheißung. „Wußte nun Jesus, daß er die neue Ordnung herstellen sollte und daß Gott seinen Tod wollte, dann lag nichts näher als die Annahme, daß nach Gottes Willen der Tod zum Zweck der Verwirklichung der neuen Ordnung eintreten

---

106 Hier wäre zu bedenken, was *K. Rahner* in: SchrzTh V (1962) 22 ff ausführt: „Wissen ist ein vielschichtiges Gebilde.“

107 So auch *A. Vögtle* in: ÖK (s. Anm. 68) 24.

108 Bei *M. Machoveč,* Jesus für Atheisten (Stuttgart – Berlin 1972) kann man S. 176f lesen: „Die Frage ist ... nicht, ob Jesus Vorstellungen von seinem künftigen Leiden hatte oder nicht – das erscheint uns unbestritten –, sondern eher, ob er seinem künftigen Leiden einen rein moralischen Sinn zuschrieb ... oder auch eine gewisse eschatologische Bedeutung ... ohne daß wir voraussetzen wollen, daß es um irgendeinen vollkommen rational durchdachten Plan ging (so rational rechnet man nicht mit dem eigenen Tod – der Begriff des ‚Plans‘ entspricht auch dem eschatologischen Denken nur annähernd), setzen wir doch voraus, daß es dem gesamten Geist der ‚Verkündigung‘ Jesu widerspräche, hätte er seinen Tod nur rein ‚moralisch‘ aufgefaßt, d. h. ohne Beziehung zu den erwarteten eschatologischen Umbrüchen, denen er doch ohne Zweifel mit ganzer Seele, mit seinem ganzen Denken, mit Herz und Willen ergeben war, also auch mit jenem Teil seines Geistes, der sich mit der Vorstellung des eigenen Todes zu befassen begann.“

sollte."[109] Mit dieser Überlegung sind wir aber schon auf die nächste Frage vorbereitet.

V. Hat Jesus seinen vorausgesehenen Tod heilseffektiv verstanden?

Wenn wir dem kritischen Aussonderungsprinzip treu bleiben, können wir die Abendmahlsworte und das λύτρον-Wort sowie verwandte Anspielungen auf Jes 53[110] oder den Tod der Gerechten oder Propheten unserer einleitend genannten Voraussetzung entsprechend nicht als Grundlage des Beweises nehmen. Aber auch abgesehen von diesen umstrittenen Worten sind in unserer Frage positive Argumente zu bedenken, die dann mit Gegenargumenten zu konfrontieren sein werden.

1. Grundsätzlich ist es unkritisch, Jesus nur aus der Gedankenwelt seiner Umwelt verstehen zu wollen; aber selbst wenn man Jesus nur von der Exegese seiner Zeitgenossen her[111] (mit welchem Recht?[112]) glaubt deuten zu dürfen und ihm ein eigenes ursprüngliches Verhältnis zu den Gottesknechtsliedern des Deutero-Jesaja und ein Selbstverständnis von diesen her meint nicht zutrauen zu dürfen, darf doch erwähnt werden, daß Gedanken über die Sühnekraft des Todes der Umwelt Jesu wohl irgendwie geläufig waren[113]. Darf man so die „Sühnekraft des Leidens und

---

[109] So schon *A. Seeberg,* Der Tod Christi in seiner Bedeutung für die Erlösung (Leipzig 1895) 369, der in solcher Weise den „Tod in organischen Zusammenhang mit seiner Verkündigung" zu bringen versucht.

[110] Vgl. die Zusammenstellung bei *J. Jeremias,* Theologie I (s. Anm. 20) 272f.

[111] *E. Lohse,* Märtyrer (s. Anm. 11) 108: Den Rabbinen war der „Rückgriff auf Jes 53 als Schriftbeweis für die Lehre vom Sühntod der Gerechten verwehrt, weil die Christen dieses Kapitel auf Jesu Leiden und Sterben deuteten". Kritisch gegen diese Begründung *H. Patsch,* Abendmahl (s. Anm. 21) 155.

[112] Vgl. *J. Jeremias,* Theologie I (s. Anm. 20) 274: „Es ist nicht zulässig, die Behauptung der Evangelien, Jesus habe den Sinn seines Leidens in Jes 53 vorgezeichnet gefunden, von vornherein als unglaubwürdig zurückzuweisen, auch wenn das Material begrenzt" – oder gar verdächtig – ist.

[113] So auch *J. Jeremias,* ebd. 273, und die dort zitierte Lit.; vgl. näherhin *E. Lohse,* Märtyrer (s. Anm. 11) 13–112; vgl. *L. Ruppert,* Jesus (s. Anm. 115): „nicht als leidender *Gerechter,* sondern als leidender *Prophet.*

Martyriums des Gerechten ... im Hinblick ... auf die Möglichkeit seiner (Jesu) eigenen Gedankenbewegung gewiß sehr wohl in Anschlag bringen"[114]? Die Vorstellung des stellvertretenden Sühnetodes (übrigens nur auf Israel bezogen) findet sich erst im hellenistischen Judentum in der Mitte des 1. Jahrhunderts n.Chr.; vgl. (deprekativ schon 2 Makk 7,37) 4 Makk 1,11; 6,28f; 9,23f; 17,20ff; 18,4[115]. Aber gibt es positive Anzeichen dafür, die in die Richtung weisen, daß Jesus seinem Tod tatsächlich doch irgendwie eine heilseffektive Bedeutung zugeschrieben hat?

Wir sahen oben[116] schon, daß Jesus seinen Tod nicht passiv hingenommen, sondern aktiv in sein Verhalten aufgenommen hat. Darüber hinaus läßt sich die erfragte Annahme mit *Argumenten* erhärten und veranschaulichen, wenn wir uns erneut durch den Gedanken weiterhelfen lassen, daß die Forderungen Jesu Rückschlüsse erlauben auf sein eigenes Verhalten:

a) Lk 22,27 und abgeschwächt Mk 10,45 par Mt – vgl. auch Joh 13,(1–11.) 12–20 – ist Jesu Lebenseinsatz unter dem Bilde des Tischdienstes verstanden; auch für das kommende Königtum Gottes ist Jesus Lk 12,37 in diese Rolle des Tischdieners verwiesen. Damit ist die grundlegende Forderung Jesu, die *Dienstforderung,* auf sein eigenes vorbildliches Verhalten gegründet: „Wenn einer erster sein will, so sei er von allen der letzte und aller Diener" (Mk 9,35 parr); denn „du sollst deinen Nächsten lieben wie dich selbst" (Mk 12,33), und „alles, was immer ... ihr wollt, daß es euch die Menschen tun – also tut auch ihr ihnen" (Mt 7,12a par). Solcher Dienstwille ist besonders an die Armen und Bedürftigen gewiesen, vgl. Lk 10,29–37; 14,12ff; Mt 5,42 par; 18,23–24S; 25,31–46S, was die Art des Vaters nachahmt (Lk

---

114 So *A. Vögtle* in: ÖK (s. Anm. 68) 21.

115 Korrektur gegenüber unserer 1. Fassung: Das zeigten – gegen *E. Lohse – K. Wengst,* Christologische Formeln und Lieder im Urchristentum (Gütersloh 1972), bes. 62–71; *H. Patsch,* Abendmahl (s. Anm. 21) 156ff; *J. Roloff,* Deutung (s. Anm. 6), bes. 44–50; *L. Ruppert,* Jesus als der leidende Gerechte? Der Weg Jesu im Lichte eines alt- und zwischentestamentlichen Motivs (StBSt 59) (Stuttgart 1972).

116 Siehe oben (unter III).

6,36 par). Die Liebesforderung[117] ist als grundlegender Bestandteil der Forderung Jesu, selbst wenn die Ursprünglichkeit einzelner Logien angezweifelt werden kann, nicht in Frage zu stellen, ebensowenig wie der Dienstwille Jesu als eigene Lebenshaltung.

Es erhebt sich nun die Frage, ob Jesus diesen seinen Dienstwillen nicht hinübergedehnt hat in die Stunde seines Martyrertodes und in diesem durchgehalten hat[118]. Es geht um die Frage, ob die aktiv-liebende Grundhaltung seines Wirkens auch noch die seines Sterbens war, wie Mk 10,45 (im Lichte von Jes 53,12) – und anders Joh 13,1–11 – gedeutet wird und wie die Gebegesten des Abschiedsmahles Jesu (s. u.) es dann auch veranschaulichen. Vom Gesamtverständnis des Wirkens Jesu her wird man diese Annahme nicht für unwahrscheinlich halten können[119].

b) Weiter führt eine andere Überlegung, weil sie uns Jesu Verhalten im Martyrium als aktive „Proexistenz" deutlich macht: Es wird nicht bezweifelt, daß die Forderung der *Feindesliebe* besonders charakteristisch ist für Jesu Liebesforderung[119a]. So radikale Bildworte wie Lk 6,29 par und 6,30 par verlangen, sich selbst in radikaler und reaktionsloser Liebe total „ausnehmen" zu lassen. Auswertbar ist vor allem Lk 6,27f: „Liebet eure Feinde; tut Gutes denen, die euch hassen. Segnet, die euch verfluchen; betet für die, welche euch schmähen" – der Anfang des strophischen Gebildes, das 6,32f. 35a.c dann seine Fortsetzung hat. Es ist nicht notwendig, den Anteil der Gemeinde an dieser Tradition hier im einzelnen auszusondern; es bleibt eine grundlegende Forderung Jesu. Diese wird Jesus aber auch an sich selbst gerichtet haben[120]. Seine Haltung wäre dann die einer liebenden „Proexistenz" gewesen, die dieses „liebende", „Gutes tuende", „segnende" und

---

[117] Vgl. nur *R. Schnackenburg,* Die sittliche Botschaft des Neuen Testaments (München ²1962) 65–81 (Lit.); weitere Lit. s. u. S. 108, Anm. 26.

[118] Auch nach *W. Thüsing* in: Christologie (s. Anm. 101) 277f, müssen „Kreuz" und „Agape" im Zusammenhang gesehen werden.

[119] So nun ausführlich auch *J. Roloff,* Deutung (s. Anm. 6) 62f.

[119a] Vgl. Lit. bei *H. Schürmann,* Lukasevangelium (s. Anm. 21) zu 6,29f; *G. Schneider,* Die Neuheit der christlichen Nächstenliebe, in: TThZ 82 (1973) 257–275.

[120] Vgl. *J. Moltmann,* Der gekreuzigte Gott (s. Anm. 42) 234.

„betende“ Verhalten auch in der Stunde des Martyriums durchzuhalten gewillt war. Wenn wir nicht annehmen wollen, Jesus hätte sterbend einen sittlichen Zusammenbruch erlitten [121], dürfen wir voraussetzen, daß Jesus liebend-proexistent in den Tod gegangen ist.

c) Vielleicht dürfen wir uns aber auch noch einen Schritt weiter vortasten: Hat Jesus sterbend vielleicht nicht nur seine Feinde, sondern die Sünder überhaupt gesucht? Auf zuverlässigem historischem Boden stehen wir, wenn wir hier Jesu *Engagement für die Sünder* gedanklich in Anschlag bringen. Mit A. Vögtle dürfen wir sagen: Es darf doch nicht „die Jesus auszeichnende Überzeugung von der menschlich unbegreiflich großen Liebe des den Sünder suchenden und begnadenden Gottes“ [122] übersehen werden, der seine „eigene Anstoß erregende Zuwendung zu den Sündern mit dem Willen Gottes selbst, mit der unbegreiflich großen Liebe des Vergebung schenkenden Vatergottes begründete“, so daß zumindest „die in unseren Einsetzungsberichten ausgesprochene Explikation des gottgewollten Sinnes seines Sterbens unleugbar dem Richtungssinn des gesamten Wirkens Jesu“ [123] folgen würde. Aber gibt es unter diesem Aspekt nur eine „Übereinstimmung“ zwischen Christuskerygma und Jesusverkündigung oder auch – bei aller österlichen Transposition – ein gewisses, noch näher zu beschreibendes „Kontinuum“? [124] Wenn man die bisher angeführten

---

[121] Siehe dazu o. S. 33.

[122] *A. Vögtle* in: ÖK (s. Anm. 68) 22; vgl. *W. Kasper,* Die Sache (s. Anm. 8): „eines der sichersten Ergebnisse der Rückfrage nach dem historischen Jesus“. Vgl. auch *H. Patsch,* Abendmahl (s. Anm. 21) 213–220. Anders jüngst *S. Schulz,* Die neue Frage nach dem historischen Jesus, in: Neues Testament und Geschichte (Festschr. für O. Cullmann zum 70. Geburtstag) (Zürich – Tübingen 1972) 33–42, der diese Aussagen nicht mit der der drei ältesten Antithesen zusammenzudenken vermag, weil hier und da „die Stellung Jesu zur Mosetora eine verschiedene“ sei.

[123] *A. Vögtle,* ebd. 23f. Vgl. schon *W. Marxsen,* Erwägungen (s. Anm. 1) 165f; *W. Schrage,* Verständnis (s. Anm. 1) 49f (dort Anm. 15 weitere Autoren); ferner *H. Kessler,* Bedeutung (s. Anm. 42), bes. 228–295; *W. G. Kümmel,* Theologie (s. Anm. 17) 84; *E. Grässer,* Der politisch gekreuzigte Christus (1973), in: Text und Situation (Ges. Aufsätze zum Neuen Testament) (Gütersloh 1973) 302–330, hier 318 (fragend).

[124] Dagegen *W. Schrage,* Verständnis (s. Anm. 1) 51: „nicht direkt miteinander verflochten“.

konvergierenden Beobachtungen und Überlegungen zusammendenkt mit der unbestrittenen Tatsache, daß „sich Jesus bewußt bis zum Schluß dem von ihm verkündeten Heils- und Heiligkeitswillen Jahwes verpflichtet wußte“[125], „unbeirrt... sein Gottesverhältnis und seine Sendung durch(hielt)“[126] – ist da die Annahme nicht denkbar oder irgendwie wahrscheinlich, daß Jesus auch noch in und durch diesen seinen Tod die Sünder gesucht hat? Ist es da denkbar, möchte man mit früheren Äußerungen A. Vögtles fragen, daß Jesus „nicht wissen sollte, warum und wie sein Gehorsam bis zum Tod dem göttlichen Heilsplan dienen würde“, er, „der sich seinem unbußfertigen Volk ebenso verpflichtet wußte wie Gottes Heils- und Heiligkeitswillen“?[127]

Die Frage, ob Jesus seinen Tod nicht heilsbedeutsam verstanden hat, muß nach dem Gesagten schon ernstlich gestellt werden. Jesu Dienstwille und Liebesforderung, vor allem seine Forderung der Feindesliebe und speziell seine Sünderliebe, verbunden mit seinem Heilsangebot bis in die letzte Stunde, führen an eine positive Beantwortung unserer Frage heran, mehr noch: sie konvergieren zu der Vermutung, daß Jesus seinen eigenen Tod liebend, fürbittend, segnend und heilseffizient durchgestanden und verstanden hat. Ob man eine derartige proexistente Grundhaltung dann durch den theologischen Stellvertretungs- und Sühnegedanken oder wie immer sonst artikuliert, ist letztlich nicht so wichtig[128]. Wenn Jesus „weder den Titel ‚Gottesknecht‘ noch eine

---

[125] *A. Vögtle* in: ÖK (s. Anm. 68) 22. Vgl. auch *J. Broer,* Erlösung durch Jesus und Verkündigung Jesu, in: Diakonia 5 (1974) 76–83: „‚Erlösung‘ = Jesus... versucht, ... den gnädigen Gott nahezubringen. Schließlich steht er für diese Gotteserfahrung mit seinem Leben ein“ (82).

[126] *H. Kessler,* Bedeutung (s. Anm. 42) 233. Vgl. auch den (systematischen) Versuch von *H. Jellouschek,* Zur christologischen Bedeutung der Frage nach dem historischen Jesus, in: ThQ 152 (1972) 112–123, hier 121, der Jesu Basileia-Verkündigung und Verhalten, besonders gegenüber den Sündern, zusammendenkt mit seinem Tod: „Jesus nimmt den Tod auf sich mit dem bis zuletzt durchgehaltenen Anspruch, Gott in Hinsicht auf Welt und Mensch zur Sprache zu bringen; und damit ist hier implizit enthalten: Jesus ist der Christus, der Erlöser...“

[127] *A. Vögtle* in: LThK V (^{2}1960) 930f; vgl. *ders.,* Exegetische Erwägungen über das Wissen und Selbstbewußtsein Jesu, in: Gott und Welt (Festschr. für K. Rahner) I (Freiburg i. Br. – Basel – Wien 1964) 608–667, bes. 624–634.

[128] Vgl. *E. Grässer,* Christus (s. Anm. 123) 318 fragend: Wenn es überhaupt einen

theologische Sühnetheorie auf sich selbst angewendet hat", dann besagt das „nicht, daß er sich nicht als den für die Vielen dienenden und leidenden Gottesknecht gewußt hätte, weil sein ganzes Leben eben diesen Charakter gehabt hat"[129].

2. Wir müssen unser Ergebnis, das mehr als eine Vermutung sein dürfte, nun aber noch *Einwänden* gegenüber verteidigen.

a) Für ein „explizit heilsmittlerisches Todesverständnis Jesu" – so meint A. Vögtle – „fehlt der überzeugende Nachweis seiner Tatsächlichkeit, wie auch die erdrückende Majorität ausgesprochen konservativer[129a] Autoren bestätigt"[130]: Denn „vom Sonderfall... (der) Abendmahlsworte abgesehen sind... weder sichere (v.a. Mk 10,45 par) noch eindeutige Belege dafür zu erbringen, daß Jesus sozusagen vorgängig ein erlösendes Sterben als abschließende Lebensaufgabe für sich erwartete"[131].

Zunächst kann die oben genannte Formulierung angefochten

---

nachweisbaren inneren Zusammenhang zwischen dem „letzte(n) Handeln Jesu am Kreuz" und seinem „Wirken in Galiläa (und Jerusalem)" gibt, dann ist es jener, der durch die geprägte Formel „er hat sich dahingegeben" (Gal 1,4; 2,20; Tit 2,14; Eph 5,2.25) indiziert wird, der inhaltlich dann auf der Linie des *lytron*-Wortes von Mk 10,45 zu sehen wäre. Das setzt freilich voraus, daß Jesus nicht durch einen Irrtum zu Tode gekommen ist, sondern ihn willentlich auf sich genommen hat. Und das „Für uns" wäre demnach nicht erst als Interpretation des unbegreiflichen Todes Jesu aus dem Osterglauben der Gemeinde herausgewachsen, sondern schon „in einem heilschaffenden Tun" Jesu und einem Selbstverständnis seiner Person grundgelegt, das mit dem (nicht ausreichenden) Stichwort „messianisch" noch immer am sachgemäßesten umschrieben wäre (mit Berufung auf G. Delling; W. G. Kümmel; J. Jeremias).

[129] So *E. Schweizer*, Erniedrigung und Erhöhung bei Jesus und seinen Nachfolgern (AThANT 28) (Zürich ²1962) 72; vgl. auch *J. Ernst*, Anfänge der Christologie (StBSt 57) 50; „Über sein Leidensbewußtsein ist damit noch gar nichts gesagt", wenn Jesus den Titel „Gottesknecht" nicht gebraucht hat.

[129a] Bei unserm geschätzten Lehrer Norbert Peters (Paderborn) – seligen Angedenkens – lernten wir, es gäbe „naive" und „kritische" Exegeten, nicht aber „konservative" oder „progressive" (was ja in beiden Fällen heißen würde: „naiv" gegenüber den eigenen konservativen oder progressiven Voraussetzungen).

[130] So *A. Vögtle* in: ÖK (s. Anm. 68) 21f; vgl. auch schon *W. Marxsen*, Erwägungen (s. Anm. 1) 163; *W. Schrage*, Verständnis (s. Anm. 1) 48f; ferner *H. Kessler*, Bedeutung (s. Anm. 42) 48 235, Anm. 32.

[131] *A. Vögtle* in: ÖK (s. Anm. 68) 21. Vorsichtiger hatte *W. Schrage*, Verständnis (s. Anm. 1) 50f, formuliert: „nirgendwo von Jesus selbst als Analogie oder Fortsetzung seines irdischen Wirkens angesehen". Vgl. auch *H. Kessler*, Bedeutung (s. Anm. 42) 234f.

werden: Gewiß hat Jesus nicht „sozusagen vorgängig sein erlösendes Sterben als abschließende Lebensaufgabe für sich erwartet". Das heilseffiziente Sterben ist nicht als eine intendierte „Lebensaufgabe" erfragt, sondern als eine Verfügung Gottes, für die Jesus sich gehorsam bereithielt, wenn es vom Vater so bestimmt sein sollte (s. o.).

Weiter darf schlicht entgegnet werden: Was heißt in der Geschichtswissenschaft „Nachweis der Tatsächlichkeit"? Seit wann bedarf es in ihr der „Belege", seit wann sind Konvergenzgründe [132] nicht mehr ausreichend, um Möglichkeiten in den Blick zu heben, um zu Wahrscheinlichkeiten oder evtl. gar zu moralischen Gewißheiten zu führen?

Und schließlich ist zu fragen: Haben wir wirklich keine „Belege"? Hier wird doch der verbreitete Fehler wiederholt, der nur den „gesicherten Kern" an Herrenworten als „Belege" und „Quelle" historischer Erkenntnisse über Jesus gelten läßt. Abgesehen davon, daß die „Rückstände" des Aussonderungsprinzips, wie z. B. die Abendmahlsworte und das λύτρον-Wort, noch positiv auf einen möglichen geschichtlichen Wert hin zu befragen wären, ist zu sagen: Wir haben nicht nur einen „sicheren Kern" an Herrenworten, die – als Forderungen Jesu – Rückschlüsse erlauben, sondern dazu noch genügend zuverlässige Hinweise auf das Geschick und das Verhalten Jesu, die befragt werden dürfen – etwa wie oben geschehen. Die methodische Engführung der historisch-kritischen Forschung, die nur den „sicheren Kerrn" der ipsissima verba Jesu befragt, ist methodisch unberechtigt (s. o. einleitend unter 2b).

b) Aber dürfen wir nicht auf die Redequelle verweisen, die, wie das Osterkerygma, so auch die Heilsbedeutung des Todes Jesu als „Lebenshingabe für die vielen" nicht bezeugt [133], sondern Jesu Tod – wie auch das lukanische Sondergut (vgl. Lk 13,31 f.33)? –

---

[132] Zum Konvergenzargument vgl. o. Anm. 39a.

[133] Vgl. *H. E. Tödt*, Der Menschensohn in der synoptischen Überlieferung (Gütersloh ²1963) bes. 250 ff. – Vgl. nun auch *P. Hoffmann*, Studien (s. Anm. 80), bes. 158–190 (S. 188 Anm. 107 Lit.).

nur in Analogie zum Prophetenschicksal (vgl. Lk 11,47f.49ff, vgl. 13,34f) gedeutet hat? Immerhin ist das eine Deutung, die zeitgenössisch als heilswirksam verstanden sein kann[134]. Jedenfalls versteht die Redequelle den Abgelehnten exzeptionell als den Menschsohn-Weltenrichter, der „seine Sache mit der Vollmacht Gottes vor aller Welt vertreten" wird[135]. Aber es ist nicht sicher, daß wir hier auf das älteste Verständnis des Todes Jesu stoßen – und: daß es das Verständnis Jesu war[136]. „Die viel mißbrauchte Berufung auf Q hilft hier kaum weiter, denn Q enthält keineswegs die ganze Christologie" dieser Traditionsgruppen bzw. Gemeinden, sondern „nur ihre Sammlung von Jesus-Logien"[137]. Wir kennen ihre Credo-Formeln[138] nicht und – vor allem – nicht ihre Herrenmahlsfeier, so daß das Urteil sehr zurückhaltend sein muß.

Es darf also, wenn die genannten Einwände aus den angeführten Gründen nicht stichhaltig sind, einer kritischen Geschichtswissenschaft methodisch durchaus als „möglich" oder irgendwie gar „wahrscheinlich"[139] gelten, daß Jesus seinem vorausgesehenen Tod Heilsbedeutung zugeschrieben hat, selbst wenn wir darauf verzichten, die Abendmahlsworte und das λύτρον-Wort auf ihren möglichen geschichtlichen Gehalt hin zu befragen.

---

[134] Vgl. *E. Lohse*, Märtyrer (s. Anm. 11).

[135] *P. Hoffmann*, Jesusverkündigung in der Logienquelle, in: Jesus und die Evangelien (hrsg. von *W. Pesch*) (StBSt 45) (Stuttgart 1970) 64; *ders.*, Studien (s. Anm. 79) 189: Damit ist „die Basis für eine soteriologische Deutung des Todes Jesu ... bereits geschaffen". Vgl. auch *K. Rahner*, in: Christologie (s. Anm. 101) 33, dem „fundamentaltheologisch ... diese Minimalaussage" genügt, daß Jesus „seinen Tod zumindest als Prophetenschicksal" wertete, „das für ihn seine Botschaft und darin ihn selbst nicht desavouierte ... sondern eingeborgen blieb in die Absicht Gottes, die Jesus als vergebende Nähe zur Welt wußte".

[136] *P. Hoffmann*, Studien (s. Anm. 79) hält die Deutung von Q „für die älteste Deutung des Todes Jesu", weil „alte jüdische und jesuanische Vorstellungselemente" voraussetzend (189); vgl. zustimmend *H. Kessler*, Erlösung (s. Anm. 26) 26. Siehe aber u. unter VIII, 2b.

[137] *M. Hengel*, Christologie (Anm. 31) 55.

[138] Denn daß die Leben-Jesu-Tradition und die Kerygma-Tradition – vgl. die Unterscheidung von *P. Vielhauer* in: EvTh 25 (1965) 70f – „verschiedene Gemeinden repräsentieren" sollen, wie *S. Schulz*, Die neue Frage (s. Anm. 122) 34 (vgl. ebd. 36f) will, mag glauben, wer es zu glauben vermag.

[139] Wie denn auch *A. Vögtle* in: ÖK (s. Anm. 68) 22, sieht.

VI. Hat Jesus von seinem bevorstehenden Tod und dessen Heilsbedeutung öffentlich gesprochen?

Die Frage, ob Jesus von seinem Tod, und die andere, ob er von der Heilsbedeutung seines Todes öffentlich gesprochen hat, wird besser auseinandergehalten.

1. Selbst eine offene und öffentliche *Voraussage seines Todes,* auch wenn dabei dessen Heilsbedeutung nicht ins Wort gehoben wurde, kann man schwerlich annehmen, weil – soweit wir sehen – Jesus bis zuletzt seiner Sendung treu blieb und mit der Basileiaverkündigung Israel das Heil anbot und zur Umkehr rief, eine Predigt, die durch die öffentliche Proklamation seines bevorstehenden Todes irritiert worden wäre. „Der Grundton seiner Verkündigung läßt eine derartige Voraussage gar nicht erwarten“[140] – läßt sie sogar unwahrscheinlich sein. Die Evangelisten lassen konsequent die offenen Todesprophetien (s. o. einleitend zu 2a α) – außer sekundär Mt 12,40 – dann auch immer im engeren Jüngerkreis gesprochen sein. Aber auch die „verdeckten Leidensvorhersagen“ (s. o. einleitend zu 2a β) lassen keinen rechten Sitz im Leben der öffentlichen Verkündigung Jesu erkennen; man wird für sie darum wohl höchstens einen solchen in abgelegenen Situationen oder im engeren Jüngerkreis in Erwägung ziehen wollen (s. u.).

2. Noch weniger sind öffentliche Worte Jesu, die seinen Tod in der Art der Abendmahlsworte oder wie Mk 10,45 par Mt als *Heilstod* artikulieren, denkbar. Denn wäre die öffentliche Verkündigung und das Wirken Jesu „auf den Tod als Heilsereignis ausgerichtet“ gewesen, „dann hätte man doch in dem breiten Strom der Überlieferung mehr Spuren davon entdecken müssen“[141]. Und noch mehr: eine derartige öffentliche Verkündigung würde „in Spannung, um nicht zu sagen in Widerspruch, zu der übrigen Jesustradition“ stehen; Jesu Verkündigung und Verhalten ist „nicht ausgerichtet auf, ist auch nicht abhängig gemacht von sei-

[140] So *A. Vögtle,* ebd. 21.

[141] *W. Marxsen,* Erwägungen (s. Anm. 1) 164.

nem zukünftigen Tode, der dann erst das Heil Wirklichkeit werden ließe"[142].

Die Schwierigkeit oder gar Unmöglichkeit für Jesus, öffentlich von seinem Tod und dessen Heilsbedeutung zu reden, läßt es verständlich sein, warum keine Worte dieses Inhalts in die vorösterliche Verkündigungstätigkeit der Jünger und damit in die älteste Traditionsschicht[143] aufgenommen wurden. Eine breitere Schicht von Worten Jesu, die Aufschluß darüber geben, wie Jesus sein Todesschicksal bestanden und verstanden hat, ist also von vornherein gar nicht zu erwarten.

VII. Hat Jesus von seinem bevorstehenden Tod und dessen Heilsbedeutung im engeren Jüngerkreis gesprochen?

1. An sich ist die Annahme nicht widersprüchlich, daß Jesus im engeren Kreis der Jünger gelegentlich „mehr oder weniger" verhüllend von seinem *Tode* gesprochen hat[144]. Ein solches Sprechen implizieren sogar die oben angeführten[145] Aufforderungen Jesu an seine Jünger zur Martyriumsbereitschaft.

2. Die Jünger Jesu waren als Mitarbeiter Jesu in Dienst genommen für die öffentliche Basileiaverkündigung. Die hinter Lk 10 zu vermutende einmalige große Aussendungstat Jesu[146] spannten die Jünger Jesu ein in sein Heilsangebot an Israel bis in die letzte Stunde. Jedenfalls konnte Jesus schwerlich zu seinen Jüngern von seinem bevorstehenden Tod als dem entscheidenden *Heilsfaktor* im Sinne von Mk 10,45 reden, solange sie gesandt waren, die nahende Basileia auszurufen und Israel zur Umkehr

[142] *Ders.,* ebd. 164.

[143] Vgl. *H. Schürmann,* Die vorösterlichen Anfänge und Logientradition (1960), in: Traditionsgeschichtliche Untersuchungen (Gesammelte Aufsätze I) (Düsseldorf 1968) 39–65.

[144] So auch *A. Vögtle* in: ÖK (s. Anm. 68) 21; *W. G. Kümmel,* Theologie (s. Anm. 17) 79f, ist geneigt, verdeckte Voraussagen wie Mt 23,37; Lk 12,50; 13,31ff; Mk 2,19a; 10,35–39 für echt zu halten.

[145] Siehe oben (unter II, 2).

[146] Siehe oben einleitend (unter III, 1).

aufzurufen. Sie wären für eine derartige Belehrung kaum disponiert gewesen.

Sosehr das gesehen werden muß, so sehr muß doch auch betont werden: diese Unwahrscheinlichkeit entfiel für die letzten Tage, im Angesicht des unentrinnbaren Todes. Zumal in letzter Stunde, beim Abschiedsmahl im Abendmahlssaal sind Worte Jesu über Sinn und Heilsbedeutung seines Todes durchaus denkbar[147] – ja eigentlich fast zu erwarten, wenn Jesus selbst seinem Scheitern einen Sinn abgewinnen konnte (s. o.) und seinen Jüngern ebenfalls irgendwie helfen wollte, der bevorstehenden Katastrophe Sinn abzugewinnen. Damit stehen wir bereits vor unserer letzten Frage.

VIII. Hat Jesus beim letzten Abendmahl auf die Heilsbedeutung seines Todes hingewiesen?

Zunächst werden wir auf das Verhalten Jesu schauen und – weil die Deuteworte in der Kritik so sehr angefochten sind – arbeitsmethodisch lieber aus den ipsissima facta Jesu beim Abendmahl Antwort suchen; danach werden wir uns abermals mit möglichen Gegenargumenten auseinandersetzen müssen.

1. Die *Abendmahlsgesten Jesu,* das „Brotbrechen“ zu Beginn des Mahles und die Becherdarbietung als Abschluß desselben, sind ohne Zweifel nur aus dem palästinischen Raum zu erklären, und es spricht einiges dafür, daß die akzentuierte Zusammenordnung der beiden – ursprünglich durch eine Mahllänge voneinander getrennten – Akte in den frühen Gemeinden einen Ursprung im letzten Mahl Jesu erschließen läßt. Denn die frühe Gemeinde hätte von sich aus viel eher den Mahlvorgang als solchen akzentuiert und eschatologisch ausgedeutet als die beiden Gebegesten Jesu. Diese Gebegesten Jesu rufen aber nach Deuteworten und machen wahrscheinlich, daß Jesus mit ihnen seinen bevorstehenden Tod zur Sprache gebracht hat. Die nähere Begründung

---

[147] So auch *A. Vögtle* in: ÖK (s. Anm. 68) 21f; auch *G. Delling,* Der Kreuzestod (s. Anm. 6) 72.

können wir hier dem nachstehenden *zweiten Beitrag* (S. 66) überlassen. Auch die nähere Ausdeutung dieses doppelten Gestus als Gebegestus kann hier nicht näher bewiesen werden[148]. Es legt sich eine doppelte Ausdeutung nahe:

a) Jesus bietet das *eschatologische Heil* zeichenhaft-wirksam mit Brot und Wein als „Speise" und „Trank", also als Heilsgabe. Die Ausdeutung ist verbreitet und auch wahrscheinlich[149]: Jesus hält hier sein Heilsangebot bis in die Todesstunde hinein aufrecht – ja er akzentuiert dieses Heilsangebot zu einer emphatischen Geste der Hingabe. Wenn in der gleichen Stunde die doppelte Todesprophetie Lk 22, 15–18 par Mk 14, 25 seine sieghafte Heilszuversicht über den Tod hinaus artikulierte[150], wird diese Ausdeutung unterstützt.

b) Aber dürfen wir den bei den Gebegesten gesprochenen Begleitworten, den „Deutworten" der Einsetzungsberichte trauen, wenn sie das verheißene eschatologische Heil effektiv an den *Tod Jesu* knüpfen?[151] Hat Jesus beim letzten Mahl – im Angesicht des erwarteten Todes – seine eschatologische Heilsverheißung erneuert und dabei seinen Tod als das wirksame Mittel verstanden und artikuliert, durch den das eschatologische Heil heraufgeführt werden sollte? Hat also Jesus das eschatologische Heil – in irgendeiner Weise – als Frucht seines Todes gedeutet? Wenn wir das annehmen dürften, wären seine provozierenden todesmutigen Zeichen[152] leichter verständlich.

Denn wenn wir Jesu emphatische Gebegesten bei seinem Abschiedsmahl bedenken, müssen wir doch wohl fragen, ob er hier

---

[148] Näheres ebenfalls in unserem nachstehenden Beitrag.

[149] Siehe ebd.

[150] Siehe oben (unter IV, 1 und unter VIII, 2a).

[151] Siehe eingehender in dem nachstehenden Beitrag. – Vgl. *W. Thüsing* in: Christologie (s. Anm. 101) 132: „Die Frage der Herrenmahlsworte und ihrer m. E. mindestens bezüglich ihres Kerns gegebenen Relevanz für das Verhältnis des vorösterlichen Jesus zu seinem Todesschicksal wäre eigens zu bedenken." Auch *K. Kertelge,* Die urchristliche Abendmahlsüberlieferung und der historische Jesus, in: TThZ 81 (1972) 193–202, versucht den Nachweis, daß die soteriologischen Interpretamente ihr *sachliches* Recht in Selbstverständnis und Verhalten Jesu haben.

[152] Siehe oben unter III, 1–4 und den in Anm. 93 genannten Beitrag.

mit dem eschatologischen Heil sich nicht todesbereit selber gibt. Denn was für ein Tod mag das sein, der das eschatologische Heil nicht aufhalten kann? Diese Frage wird dann nötig, wenn man mit einem verbreiteten Urteil Jesus mehr sein läßt als einen Propheten, nämlich den letzten Boten Gottes, der das Kommen des Eschatons im Namen Gottes verbindlich anzuzeigen hatte als Bote und Bringer der Basileia. Oben[153] wurde uns deutlich, daß die Annahme, Jesus habe seinen Tod in positive Beziehung zu seinem Auftrag gesetzt, nicht nur denkbar, sondern mit Beobachtungen und Gründen abzusichern ist, die mehr als nur eine Vermutung ergeben. Vielleicht explizieren dann aber die Deuteworte mit ihren soteriologischen Aussagen doch nur, was Jesu Zeichenhandlung bereits implizierte? Jesu Abendmahlsgabe kündet und gibt Anteil am Eschaton in einer Weise, daß der Tod vielleicht doch nicht nur den Anlaß dafür bietet, diesem Anerbieten scheidend die letzte Emphase zu geben. Die Tradition wäre ernster zu nehmen, nach der hier der *Tod als Mittel* gesehen ist, der diese eschatologische Gabe ermöglicht, so daß das eschatologische Heil als Frucht dieses Todes immerhin doch gut verstehbar wäre. Das ὑπέρ wäre dann vorösterlich doch nicht nur – wie oben schon erschlossen – ein implizites gewesen.

In der Abschiedsstunde, als die Todesahnung zur Gewißheit wurde, war das Wissen um den Heilswert des Todes im engsten Jüngerkreis jedenfalls durchaus aussprechbar, wie wir oben sahen – auch wenn die Jünger mit solcher Aussage gewaltig überfordert gewesen sein werden. Vielleicht artikulierte Jesus auch darum den doppelten gleichnishaften Gebegestus als Zeichen-

[153] Vgl. *W. Kasper*, Sache Jesu (s. Anm. 8) 188: Es ist „das Charakteristische am historischen Jesus, daß er seine Person in seine Sache mit einbezieht. Mit seinem Kommen ist die Gottesherrschaft selbst im Kommen. Er ist also seine Sache in Person. Person und Sache kommen bei ihm zu einer völligen Deckung. Das gilt jedoch nicht nur von Jesu Anspruch, sondern ebensosehr von seinem Verhalten. Er ist durch seinen Gehorsam und seine Hingabe ganz ‚Hohlraum' für Gott und seine Liebe; eben in seiner menschlichen Freiheit ist er die Daseinsweise Gottes für die anderen (so u. a. K. Barth, H. U. v. Balthasar, J. Ratzinger, W. Pannenberg). So ist er schon während seines irdischen Lebens implizit nicht nur der Verkündigende, sondern auch der Verkündigte ... Diese Identität von Person und Sache Jesu stellt das eigentliche Proprium christianum dar."

handlung, dessen rätselhaft kurze, deutende Begleitworte noch mehr verhüllt ließen als offenbar machten. Die Annahme, daß Jesus von der Heilsbedeutung seines Todes im Abendmahlssaal gesprochen hat, bleibt somit „an sich widerspruchslos“[154]. Aufgrund aller oben genannten Konvergenzen hat diese Annahme – so möchten wir meinen – darüber hinaus sogar eine gewisse Wahrscheinlichkeit. Mit welchen Worten die eschatologische Heilsverheißung und Heilsdarbietung des Scheidenden diesen Heilswert des Todesgedankens dabei näherhin artikuliert hat und in welchem Maße der Heilswille des Todes den emphatischen Hingabegesten implizit blieb, ist dabei letztlich nicht so wichtig. Vom proexistenten Verhalten Jesu her lassen sich jedenfalls die emphatischen Darbietungsgesten des Sterbenden, der das eschatologische Heil ansagt und anbietet, am besten „soteriologisch“ deuten: In diesen Gebärden Jesu ist das eschatologische Heil eigentlich nur als proexistentes Heil des zur Todeshingabe Bereiten verstehbar. Jesu Abendmahlshandlung darf also mit Gründen von der vorösterlichen Proexistenz Jesu her gedeutet werden; ein Verständnis nur von der österlichen Bestätigung her, die vorösterlich dann vielleicht implizite Gehalte der Verkündigung Jesu als „Sache Jesu“ aufgenommen hätte, bietet schwerlich einen genügenden Erklärungsgrund für das nachösterliche Herrenmahl.

2. Zwei *Gegenargumente* müssen ernst genommen werden, weil sie nämlich methodisch berechtigt argumentieren:

a) Der erste Einwand denkt von der Quellenlage her: Nach dem kritischen Aussonderungsprinzip, nach dem die Worte des Einsetzungsberichtes als nachösterliche Bildungen verdächtig, jedenfalls ungesichert sind, spielt man gern den *Paschamahlbericht* Lk 22,15–18 par Mk 14,25 gegen diesen aus: Dieser – so wird hier postuliert – sei alt und zuverlässig. Wir sahen aber oben schon[155], daß er eucharistisch übermalt ist und daß ihm eine doppelte Todesprophetie Jesu zugrunde liegt, in der Jesus eine persönliche Heilszuversicht bis über den Tod hinaus bezeugt. Es ist

[154] So *A. Vögtle* in: ÖK (s. Anm. 68) 22.
[155] Siehe Anm. 100.

also schwerlich berechtigt – so muß kritisch eingewandt werden –, den gewiß alten „Paschamahlbericht“ in solcher Weise gegen den jüngeren „Einsetzungsbericht“ auszuspielen. Man darf doch nicht übersehen, auf welch schwachen Füßen ein Argument steht, das die deutlich eucharistisch überfärbte Tradition Lk 22, 15–18 par Mk 14, 25 als ausschließlichen Verständnisschlüssel für das Abendmahl gelten lassen will. Der Historiker wird zunächst nur konstatieren, daß hier in zwei unterschiedlichen Traditionen mit unterschiedlichem Eucharistieverständnis verschiedener Gemeinden Aussagen gemacht werden: im Paschamahlbericht mit seinem Gemeindeinteresse, die Jünger von der Mitfeier des jüdischen Pascha zu entbinden und eine neue Paschafeier zu konstituieren[156], und im Einsetzungsbericht mit seiner eschatologischen und besonders soteriologischen Ausdeutung der Gabe Jesu vom Tode Jesu her. Freilich dürfen auch unabhängig von Lk 22, 15–18 par Mk 14, 25 die beiden entscheidenden Gebegesten Jesu als eschatologischer Zuspruch angesichts des Todes gedeutet werden (s. o.), so daß eine Abendmahlsfeier mit betont eschatologischem Sinn als ursprünglich akzeptiert werden kann. Die ursprüngliche Mahlfeier des Abschiedsabends Jesu wäre danach ein „auf das eschatologische Festmahl ausblickendes Abschiedsmahl“[157] gewesen. Ein derartiger eschatologischer Sinngehalt schließt aber, wie oben dargelegt, den Todesgedanken nicht aus – in dieser letzten Abschiedsstunde eher ein. Das emphatische Heilsangebot des zum Märtyrertod Bereiten wird verständlicher, wenn der Tod dabei heilseffizient verstanden ist.

b) Ein zweites Gegenargument arbeitet mit der verbreiteten Annahme, *die Einsicht* in die Heilsbedeutung des Todes Jesu habe sich *erst nachösterlich* allmählich aufgrund neuartiger Schriftdeutung in der Gemeinde durchgesetzt.

Wir meinten oben schon feststellen zu müssen, daß die Jünger

---

[156] Vgl. näherhin *H. Schürmann*, Der Paschamahlbericht (s. Anm. 100); vgl. *ders.* in: Ursprung und Gestalt (Gesammelte Aufsätze II) (Düsseldorf 1970) 113–117 145–148 und ebd. 199–206 207–209.

[157] So *A. Vögtle* in: ÖK (s. Anm. 68) 23 (vgl. auch ebd. 24), mit einem verbreiteten Trend der heutigen Abendmahlsforschung.

mit dem Gedanken an die Heilsbedeutung des Todes vorösterlich überfordert waren, wie das ihr Verhalten am Karfreitag (vgl. Mk 14,50) und danach (vgl. Lk 24,21; Joh 20,19) dann auch zeigt. Wenn nach einem Kontinuum gefragt wird, ist dieses nicht so sehr im Glauben der Jünger zu suchen[158], sondern im proexistenten Verhalten Jesu. Aber von da aus können nicht andeutende Rätselworte Jesu und kann nicht eine andeutend ausgedeutete Gleichnishandlung wie die des letzten Abendmahls in Frage gestellt werden. Denn Jesu Einsicht konnte die der Jünger übersteigen. Jedenfalls war die Erkenntnis der Heilsbedeutung des Todes Jesu nachösterlich leichter zu erheben, wenn die Proexistenz Jesu, wenn vor allem die proexistenten Hingabegesten des letzten Abendmahls als Reminiszenzen nachösterliche Sinnerhellung gaben.

Dagegen steht nun freilich die These, das Skandalon der Kreuzigung Jesu sei den Jüngern im Osterlicht nur stufenweise, nach und nach, aufgegangen, etwa so: Zunächst sei das göttliche „Muß" – evtl. als notwendiges Prophetenschicksal; s.o. – erkannt worden, dann aufgrund unterschiedlicher Schriftstellen die „Schriftgemäßheit" dieses „Muß", dann erst die Bedeutung des Todes Jesu „für uns", „für unsere Sünden"[159], endlich aufgrund von Jes 53,12 die Heilsbedeutung des Sterbens Jesu „für die vielen". Es bleibt aber recht hypothetisch, wenn aus dem Nebeneinander solcher Aussagen ein Nacheinander konstruiert wird. Für unseren Zusammenhang genügt es, daß die Heilsbedeutung des Todes Jesu – wie immer verstanden – schon recht früh bezeugt wird: Schon 1 Kor 15,3 ist formelhaft festgehalten, daß der „Christus für unsere Sünden nach den Schriften" gestorben ist, was nicht notwen-

[158] Darin ist *W. Schrage,* Das Verständnis (s. Anm. 1) 55, der hier R. Bultmann, G. Bornkamm und E. Käsemann gegen E. Fuchs folgt (vgl. ebd. die Anm. 29 und 30), recht zu geben (obgleich der Osterglaube seine vorösterliche Prästruktur hatte und darum in allem Zerbrechen doch eben nach Ostern seine vorösterlichen Anknüpfungspunkte wiederfinden konnte).

[159] Vgl. etwa *R. Bultmann,* Die Theologie des Neuen Testaments (Tübingen [5]1965) 46ff (vgl. 29–32); *F. Hahn,* Christologische Hoheitstitel (FRLANT 83) (Göttingen [3]1963) 201ff (vgl. 54–66); vgl. ähnlich konstruierend *H. Kessler,* Erlösung (s. Anm. 26) 25–33; anders *J. Roloff,* Deutung (s. Anm. 6).

dig, aber vielleicht doch von Jes 53 her am besten verständlich wird (vgl. Jes 53,4.5.6.8.10.11.12)[160].

Dürfen wir nun *zusammenfassend* urteilen, unsere Ausführungen (unter VIII.) hätten die Gewißheit gebracht, daß Jesus seinen erwarteten Tod in der Abschiedsstunde des letzten Mahles heilsbedeutsam artikuliert hat? Bei einer Quellenlage wie der vorliegenden werden historische Untersuchungen schwerlich je Gewißheit erreichen. Wir meinen aber: Eine ihrer Methode bewußte kritische Geschichtswissenschaft wird nicht mit H. Kessler[161] selbstsicher behaupten können: „Heilsbedeutung im prägnanten Sinn hat Jesus – soweit wir sehen können – seinem Tod nicht zugeschrieben", so richtig es ist, daß wir das mit historischen Mitteln „nicht sicher"[162] ausmachen können. Denn beides ist doch keinesfalls dasselbe! Es läßt sich nicht mit dieser Sicherheit sagen, Jesus habe seinen Tod „nirgendwo ... als Analogie oder Fortsetzung seines irdischen Wirkens angesehen"[163], nicht einmal, daß „Jesus seinem Tod sehr wahrscheinlich noch keine nähere Deutung gegeben hat"[164], ihn „mehr vorausgesehen und vorhergesagt als gedeutet hat"[165]. Ganz gewiß kann der kritische Historiker aber nicht „mit ganz großer Sicherheit urteilen, daß Jesus seinen

---

160 Vgl. *E. Lohse,* Märtyrer (s. Anm. 11) 113ff, und *K. Lehmann,* Auferweckt am dritten Tag nach der Schrift (QD 38) (Freiburg i.Br. 1968) 247–257.

161 *H. Kessler,* Bedeutung (s. Anm. 42) 235. Mit Kessler identifiziert sich *P. Hoffmann,* Studien (s. Anm. 79) 190, Anm. 168; vgl. auch *E. Jüngel,* Tod (s. Anm. 1) 211f. – Nachtrag: Jüngst bekennt *H. Kessler,* Erlösung als Befreiung? Zu einer Kontroverse, in: StdZ 98 (1973) 849–859, hier 850, daß er in der „historischen Frage, welches subjektive Verständnis von seinem bevorstehenden Tod der irdische Jesus (mit seinem menschlichen Wissen) hatte ..." „heute zurückhaltender und differenzierter urteilen würde, vor allem aufgrund des weiterführenden Aufsatzes von H. Schürmann, Wie hat Jesus seinen Tod bestanden und verstanden?"

162 *H. Kessler,* Bedeutung (s. Anm. 31); vgl. *ders.,* Erlösung (s. Anm. 26) 25: „Es lag ... nicht in seiner Absicht, gerade durch seinen *Tod* die Menschen zu erlösen"; ähnlich auch *K. Rahner* in: Christologie (s. Anm. 101) 48f.

163 *W. Schrage,* Verständnis (s. Anm. 1) 50f.

164 *W. G. Kümmel,* Theologie (s. Anm. 17) 84.

165 So der Problembericht: Zur theologischen Sinndeutung des Todes Jesu (Lit.): HerKorr 26 (1972) 149–154, bes. 150; vgl. nun auch *C. Bussmann,* „Christus starb für unsere Sünden". Eine Anfrage an die Exegese angesichts des Unverständnisses, auf das dieser Satz heute trifft, in: Biblische Randbemerkungen (s. Anm. 52) 337–345.

Tod nicht als Heilsereignis verstanden hat[166]. Das argumentum e silentio trägt dererlei Behauptungen nicht, die negativ etwas wissen wollen, was wir – wie wir oben einleitend zitierten –, nach R. Bultmann „nicht wissen können“, nämlich „wie Jesus sein Ende, seinen Tod verstanden hat“. So falsch uns diese Behauptung scheint – sie richtet aber doch auch alle Aussagen, die so genau zu wissen vorgeben, daß Jesus seinen Tod nicht heilseffektiv verstanden oder artikuliert hat. Es bleibt in dieser Frage eine Offenheit[167]; A. Vögtle ist durchaus recht zu geben, wenn er betont, daß die Frage, „ob Jesus das von ihm erwartete Sterben näher gedeutet hat“, zumindest „offenbleiben muß“[168]. Aus einem ganzheitlichen Gesamtverständnis Jesu, das auch sein Verhalten berücksichtigt und aus seinen sittlichen Forderungen Rückschlüsse zu ziehen wagt, meinten wir vorstehend über diese „Offenheit“ hinaus einige vertretbare Hinweise wagen zu können über die Frage, wie Jesus seinen Tod bestanden und verstanden hat. Uns will scheinen, daß die oben angeführten Konvergenzen in dieser Frage über die Annahme einer offenen Möglichkeit – in dem vorstehend angegebenen Sinn – hinausführen und daß sie mehr als ein „Postulat“[169] sind; Jesus stand „im Todesvollzug“ nicht erst am Karfreitag[170]; schon früher – spätestens bei der Tempelreinigung – lernte Jesus seinen Tod „sterbend vollziehen“, und spätestens im Abendmahlssaal vermochte er ihn auch andeutend auszusprechen und in wirksamer Gebärdesprache bedeutsam zuzusprechen.

---

166 *W. Marxsen,* Erwägungen (s. Anm. 1) 165.

167 Nicht nur der Glaube ist an einer derartigen „Offenheit“ interessiert, sondern auch ein historisches Erkenntnisstreben, das sich um Verstehen des personalen Verhaltens der erfragten Persönlichkeit bemüht. Ein Historiker wird fragen müssen, ob er die üblichen positivistischen Methoden allein anwenden kann, wenn es um das Verstehen einer geschichtlichen Persönlichkeit, ihres Verhaltens und ihrer Wirkgeschichte geht.

168 *A. Vögtle* in: ÖK (s. Anm. 68) 24.

169 Gegen *W. Schrage,* Verständnis (s. Anm. 1) 48f; *H. Kessler,* Bedeutung (s. Anm. 42) 234.

170 Das darf als Korrektur von *K. Fischer,* Der Tod Jesu heute. Warum mußte Jesus sterben?, in: Orientierung 35 (1971) 196–199, betont werden.

Wir betonten einleitend, daß das „Nichtwissen" in unserer Frage nicht nur methodenimmanent seinen Grund in der kritischen Methode hat, deren „Apparatur" zu eng eingestellt ist, sondern von einem systematischen Vorverständnis diktiert ist: einem Offenbarungs- und Kerygmabegriff, die ausschließlich von Ostern her argumentieren. Wir wollten zeigen, daß ein Vorverständnis von einem fülligeren Offenbarungs- und Kerygmabegriff her, das die Offenbarungsmitte als Auferweckung nicht nur des Gekreuzigten, sondern auch des „Gekommenen" versteht, einen Blick bekommt für Möglichkeiten und Wahrscheinlichkeiten des vorösterlichen Lebens Jesu. Dazu noch einige Schlußbemerkungen:

„Nach biblischem Offenbarungsverständnis" ist „Geschichte ein ‚Ereignis', ja zugleich ‚Wort', Aussage und Zusage Gottes." A. Vögtle[171] versteht das mit Recht stringent für den Fall, „daß Gott selbst sich zum gekreuzigten Verkünder seines Heils- und Heiligkeitswillens bekannte" und in der Auferweckung „den Kreuzestod Jesu als heilschaffendes ‚Wort' bestätigte und enthüllte". Die Heilsbedeutung des Todes Jesu wäre so Gottes nachösterliches Offenbarungswort, explizit nicht vorösterlich Jesu ureigenes bereites Angebot und Wort. Der Systematiker wird überlegen, ob man in der „Offenbarung" nicht die Kontrapunktik zum österlichen Geschehen: Jesu Gesandt- und Gekommensein (die Inkarnation), „Jesu ganzes Dasein und seine ganze Erscheinung", seine „Worte und Werke" stärker mitdenken muß[172] (besonders in einer Zeit, in der „die Sache Jesu" in so neuer Weise wichtig genommen wird), ob insbesondere ein derartiges implizites Verständnis des so grundlegenden „Pro vobis" genügt[173] (be-

[171] *A. Vögtle* in: ÖK (s. Anm. 68) 24.

[172] Vgl. Vat. II, Dei Verbum Nr. 4. – Auch *G. Delling,* Der Kreuzestod (s. Anm. 6) 73, fällt die Annahme schwer, daß Gott erst nachösterlich „die Urchristenheit zum Verständnis des Todes Jesu als des Heilstodes ermächtigt" haben soll. Nach *J. Roloff,* Kerygma (s. Anm. 65), bes. 47–50 270–273, vgl. S. 273, ist „das Erdenwirken Jesu ... nicht nur eine historische Voraussetzung für das Kerygma, sondern zugleich seine sachliche Vorbedingung und der Schlüssel zu seinem Verstehen". Vgl. auch den in Anm. 126 genannten Versuch von *H. Jellouschek.*

sonders wenn speziell die „Proexistenz Jesu" in unseren Tagen als so sehr maßgeblich wieder in den Blick kommt). Das Herrenmahl könnte dann – eine für das kirchliche Leben sehr bewegende Konsequenz! – zwar noch als *Anamnesis* von Tod und Auferstehung Jesu gefeiert werden, nicht aber als *Mimesis* dessen, was Jesus, sich selbst hingebend, tat „in der Nacht, da er überliefert wurde" (1 Kor 11,23). Nicht weniger wichtig ist die Frage, ob beim Fehlen eines von Jesus intendierten und expliziten „Pro vobis" dem christlichen Leben noch die spirituelle Möglichkeit eröffnet bleibt, „daß die Lebenden nicht mehr sich selbst leben, sondern dem, der für sie gestorben ist und auferweckt wurde" (2 Kor 5, 15; vgl. Röm 14, 7f). Wie dem auch sei: die eigentliche kritische Anfrage dieser Zeilen zielte auf das Problem, ob der Verzicht auf das vorösterliche ὑπέρ von der kritischen Methode und exegetischen Forschungssituation [174] her wirklich gefordert ist.

---

[173] Dieses „Genügen" versucht der Beitrag von *A. Vögtle,* Die hermeneutische Relevanz des geschichtlichen Charakters der Christusoffenbarung (1967), in: Das Evangelium und die Evangelien. Beiträge zur Evangelienforschung (Düsseldorf 1971) 16–30, zu begründen. Kein Geringerer als *K. Rahner,* Bemerkungen zur Bedeutung der Geschichte Jesu für die katholische Dogmatik, in: Die Zeit Jesu (Festschr. für H. Schlier) (Freiburg i. Br. 1970) 273–283; vgl. *ders.* in: Christologie (s. Anm. 101), bes. 47–50: „Zur Theologie des Todes Jesu von der Auferstehung her", scheint eine Möglichkeit zu sehen, diese Frage zu bejahen – eine Hilfe für die Exegese, die in dem Augenblick, da sich allerlei neue hoffnungsvolle Zugänge zum „irdischen Jesus" zu eröffnen scheinen, vielleicht etwas „posthum" kommt.

[174] *Korrekturnachtrag: H. G. Link,* Gegenwärtige Probleme einer Kreuzestheologie. Ein Bericht (Herausgebertagung der EvTh [12.–14. Oktober 1972] in Grafrath bei Fürstenfeldbruck), referiert in EvTh 33 (1973) 343f über „die Wandlung, die die exegetische Fragestellung durchmacht, seitdem sie sich von dem beherrschenden Einfluß R. Bultmanns zu befreien versucht... Namentlich W. Schrage wandte ein, daß in den Evangelien das Kreuz Jesu durchaus auch im Lichte der historischen Ereignisse seines Lebens interpretiert wird und demzufolge die theologische Reflexion über die Hingabe Jesu ‚bis zum Tod am Kreuz' auf einen Anhalt am irdischen Leben Jesu weder zu verzichten braucht noch darf. In die gleiche Richtung wies E. Schweizer mit der Bemerkung, die Auferweckung verdeutliche lediglich, was im historischen Leben Jesu tatsächlich(!) geschehen sei. Diese und andere Äußerungen ließen keinen Zweifel daran aufkommen, daß es in Zukunft nicht mehr möglich sein wird, eine überzeugende Kreuzesinterpretation ohne die – lange genug vernachlässigte – Einbeziehung der irdisch-historischen Wirksamkeit Jesu vorzulegen... In der Hervorhebung der sich selbst entäußernden Liebeshingabe Jesu an das Kreuz wurde... eine gemeinsame inhaltliche Interpretationsrichtung erkennbar."

2 *Das Weiterleben der Sache Jesu im nachösterlichen Herrenmahl*

Die Kontinuität der Zeichen in der Diskontinuität der Zeiten *

Wir fragen im Folgenden – mit einem unscharfen Terminus von Willi Marxsen – nach dem Weiterleben der „Sache Jesu" im nachösterlichen Herrenmahl. Wir möchten damit zum Ausdruck bringen, daß uns nicht an Einzelheiten des Abendmahlvorganges gelegen ist, daß es uns vielmehr um ein Verständnis desselben aus einem Grundverständnis des Wirkens und der Verkündigung Jesu heraus geht. Die „Sache Jesu" ist das Verhalten Jesu, das in der Verkündigung zu sich selbst findet, ist aber auch die Verkündigung Jesu, die in seinem Verhalten angesiedelt ist. Unsere Frage speziell nach dem Weiterleben der „Sache Jesu" im urchristlichen Herrenmahl meint zunächst, „ob die in der neuen urchristlichen Herrenmahlliturgie zumal bei den paulinischen Gemeinden riskierte Selbstauslegung Jesu dem Willen und Tun des historischen Jesus gerecht wird"[1]. E. Fuchs[2] will mit Recht das „Verhalten Jesu" als den eigentlichen „Rahmen" seiner Verkündigung verstanden haben: Das Verhalten Jesu ist der Schlüssel für seine Ver-

---

* Beitrag für die (ungedruckte) Festschrift, die Herrn Univ.-Prof. Dr. Dr. h.c. Gerhard Delling, Halle (Saale), zu seinem 65. Geburtstag am 10. Mai 1970 überreicht wurde. – Erstmalig veröffentlicht in: *H. Schürmann,* Jesu Abendmahlshandlung als Zeichen für die Welt. Drei Vorträge (Leipzig 1970) 63–101 (gekürzt – und auch teilweise erweitert – in: BZ 16 [1972] 1–23; die dortigen Erweiterungen konnten hier mit Rücksicht auf den vorstehenden *1. Beitrag* unseres Bändchens wieder fortfallen.)

1 *E. Fuchs,* Das Sakrament im Lichte der neueren Exegese (Bad Cannstatt 1953) 8.

2 Vgl. bes.: Die Frage nach dem historischen Jesus, in: Zur Frage nach dem historischen Jesus. Ges. Aufsätze II (Tübingen 1960) 143–167, hier 155. – Vorgänger nennt *G. Strecker,* Die historische und theologische Problematik der Jesusfrage, in: EvTh 29 (1969) 453–476 (bes. 471).

kündigung, wobei E. Fuchs nachträglich – sich gegen R. Bultmann verteidigend – einschränkt: „Was Jesus *sagte,* ist gerade der ‚Kern' seines Verhaltens."[3] Doch wir suchen noch über E. Fuchs hinaus, ob nicht – bei aller Diskontinuität – das zeichenhaft-effektive Tun Jesu selbst im urchristlichen Herrenmahl kontinuierlich weitergeht.

Wir nehmen also die Anregung von E. Fuchs auf und fragen im Folgenden vor allem nach dem Abendmahlsverhalten Jesu, die übliche Frage nach den Abendmahlsworten zunächst einmal aus dem Spiel lassend. Das hat seinen Grund auch in der Forschungssituation. In der kritischen Forschung dominiert die Überzeugung, daß wir die Urform der Abendmahlsworte Jesu in ihrem genauen Wortlaut nicht mehr feststellen können[4]; von daher neigt man zu der fragwürdigen Schlußfolgerung, wir könnten über das Abendmahlsgeschehen und über Abendmahlsworte Jesu historisch gar keine Aussagen machen. Wenn aber die Worte Jesu überhaupt erst auf dem Hintergrund seines Verhaltens verständlich werden – könnte nicht auch das Abendmahl als Wortgeschehen von den Abendmahlshandlungen und dem Gesamtverhalten Jesu her Licht bekommen? Wir versuchen also im folgenden den ungewöhnlichen Weg zu gehen, (I.) die ipsissima facta Jesu[4a] bei seinem letzten Mahl zu erkennen, um von ihnen aus (II.) zu einem Urteil über den Sinn der Abendmahlshandlung (und über die ipsissima verba), zum Verständnis ihrer „Gebärdesprache" zu gelangen – ein kaum jemals konsequent beschrittener Weg. Dabei genügt es dann gewiß, „wenn wir in Wort und Tat Jesu dieselbe Richtung finden"[5].

---

[3] *Ders.* in: Glaube und Erfahrung (Tübingen 1965) 19.

[4] Siehe u. S. 82ff.

[4a] Den Terminus hat *F. Mußner,* Die Wunder Jesu (München 1967) 33, von J.-B. Bauer übernommen und verbreitet.

[5] *E. Fuchs,* Die Frage (s. Anm. 2) 155.

I. RÜCKFRAGE NACH DEN ABENDMAHLSHANDLUNGEN JESU

Zunächst geht es um die Frage, ob wir eventuell ipsissima facta Jesu beim letzten Abendmahl ausfindig machen können. Dabei müssen wir uns freilich zurücktasten in das Dunkel der vorösterlichen Zeit. Unser Arbeitsgang wird so sein müssen: Wir fragen uns zurück zum korinthischen „Herrenmahl“, weil dieses für uns 1 Kor 11, 17–26 halbwegs deutlich erkennbar ist, vor allem auch, weil wir hier das älteste literarische Zeugnis vor uns haben. Hier werden wir zwei Entdeckungen machen: Wir finden zunächst (1.) in diesem hellenistischen Raum unverkennbare palästinensische Bauelemente. Eine nähere Prüfung (2.) macht dieselben als Strukturteile des letzten Abendmahls Jesu wahrscheinlich.

1. Palästinensisches im Vorgang der paulinischen Herrenmahlsfeier

Die Meßfeiern des abendländischen wie des morgenländischen Liturgieraumes haben das gemeinsam, daß sie – wenigstens im allgemeinen – das eucharistische Mahl einem Wortgottesdienst folgen lassen. Die erste ausführliche Schilderung dieser Abfolge gibt schon Justin (Ap I, 65.67) in der Mitte des 2. Jahrhunderts: Die sonntägliche Eucharistiefeier (Ap I, 67) ist auf den Morgen verlegt und mit einem nach synagogalen Vorbild geformten Wortgottesdienst verbunden.

Aller Wahrscheinlichkeit nach kam es zu der Trennung von Gemeindemahl und Eucharistiefeier aufgrund von Mißständen, wie sie sich 1 Kor 11, 17–34 und Eph 5, 18 andeuten, schon im frühen 2. Jahrhundert[6].

---

[6] Als Zeugnisse dafür dürfen gewertet werden der bekannte Brief des Plinius an Trajan (10, 69) und wohl auch der westliche Text des Abendmahlsberichtes Lk 22, 14–18.19a (Dit'sy^{v}); vgl. *H. Schürmann,* Lk 22, 19b–20 als ursprüngliche Textüberlieferung (1951), in: TrU 159–197.

a) Beobachtungen am urchristlichen Herrenmahl

Das urchristliche Gemeindemahl haben wir uns – vorsichtig gesprochen – im allgemeinen etwa so vorzustellen, wie es sich 1 Kor 11,17–26 als „Herrenmahl" zu erkennen gibt[7]. Nach fast allgemeiner Überzeugung folgte hier die eucharistische Doppelhandlung mit Brot und Weinbecher einem Sättigungsmahl, wobei aber noch der Gesamtvorgang „Herrenmahl" heißt[8].

Nach antikem Mahlbrauch folgte bei einem Festmahl dem Eßvorgang ein „Trinkgelage", das als symposion, im jüdischen Raum als *mischtitā* schließlich dem ganzen Mahlgeschehen den Namen gab. Die urchristlichen Gemeinden werden ihre gemeinsame Abendmahlzeit – vielleicht wenigstens zunächst am Herrentag – dadurch festlich gestaltet haben, daß sie ihr anstelle des meist ausgelassenen antiken Trinkgelages die doppelgestaltige „Eucharistie" folgen ließen. Diese Anordnung lag schon darum sehr nahe: beim jüdischen Festmahl sprach der Hausvater über den gegen Ende des Mahles kredenzten (dritten) Mahlbecher das Tischdankgebet, womit das anschließende Trinkgelage eröffnet wurde. Ohne allen Zweifel wurzelt aber das christliche Eurcharistiegebet form- und traditionsgeschichtlich in diesem jüdischen Tischdankgebet (s.u.)[9].

Hier müssen wir nun *einblenden:* Dieses korinthische „Herrenmahl" hat deutlich erkennbar drei Wurzeln – was nicht heißen soll, es sei historisch aus verschiedenen Traditionen zu erklären[10].

α) Wenn schon die Urgemeinde täglich zum Mahl zusammenkam (Apg 2,42–47; 4,35; 6,1ff; vgl. Jud 12 u.s.), so war das keine Wiederholung des letzten Abendmahles, das als Abschiedsmahl gar nicht, als Pascha-

[7] Vgl. bes. *P. Neuenzeit,* Das Herrenmahl (StANT 1) (München 1960).

[8] Vgl. *H. Schürmann,* Art. „Herrenmahl", in: LThK V (^{2}1960) 271.

[9] Vgl. zu den hier und im folgenden besprochenen Fragen des Mahlvorganges und seiner Entwicklung ausführlicher unsern Beitrag: Die Gestalt der urchristlichen Eucharistiefeier (1955), in: Ursprung und Gestalt (Ges. Aufsätze II) (Düsseldorf 1970) 77–99.

[10] Vgl. das Referat über die unterschiedlichen Ableitungsversuche – bes. bei H. Lietzmann und E. Lohmeyer – bei *H. Lessig,* Die Abendmahlsprobleme im Lichte der neutestamentlichen Forschung seit 1900 (Diss. photomech. Bonn 1953) 161–168.

mahl nicht täglich wiederholbar war. Vielmehr sind die täglichen Mahlzeiten der Urgemeinde wohl als Fortsetzung der vorösterlichen *Tischgemeinschaft Jesu* mit seinen Jüngern (vgl. Lk 22,27 mit 12,37) zu erklären; in der Anfangszeit gewiß eine schlichte Notwendigkeit für galiläische Jünger in Jerusalem.

β) Freilich wäre die alltägliche Tischgemeinschaft nach Ostern gewiß nicht wieder aufgenommen worden ohne das österliche „Erscheinen" Jesu, das „die Sache Jesu weitergehen" ließ. Waren doch diese *Ostererfahrungen* anscheinend wenigstens zum Teil Mahlerfahrungen (Apg 1,4?; 10,41; Lk 24,30f.36–49; vgl. Mk 16,14; Joh 20,19–23.24–29). Durch den im Glauben gegenwärtig gewußten Herrn bekam diese Tischgemeinschaft nachösterlich aber eine neue Qualität: Diese Gegenwart des Kyrios schmolz die Tischgemeinschaft mit dem irdischen Jesus um zu einem „Herrenmahl" (1 Kor 11,20). Zu diesem „Herrn" wird das Maranatha gerufen (Did 10,6, vgl. Apk 22,20). Seine Gegenwart qualifiziert den „Tisch des Herrn" (1 Kor 10,21) mit dem „Brot" (1 Kor 11,27), dem „Becher des Herrn" (1 Kor 10,21; 11,27).

γ) Ohne die Ostererfahrungen mit dem anwesenden Kyrios in der Mitte wäre aber auch eine Wiederaufnahme und ein Nachvollzug von *Abendmahlsgesten Jesu* nicht denkbar, wäre die sich bei seinem Abschiedsmahl in besonders dichter Weise aktualisierende „Sache Jesu" (s.u.) beim urchristlichen Herrenmahl nicht wieder thematisch geworden. Hier aber liegt die dritte und entscheidende Wurzel des urchristlichen Herrenmahls: in der doppelten Abendmahlshandlung des Abschiedsmahles Jesu (wie noch zu zeigen sein wird). Denn die Tradition, nach der Jesus vor seinem Tode ein letztes Mahl gehalten hat, wird in der Forschung kaum irgendwo bezweifelt, und „auch die skeptischste Betrachtung erwägt noch die Möglichkeit, daß die Sitte der urchristlichen Abendmahlsfeiern ihre Wurzeln in einer letzten Mahlzeit Jesu hat"[11]. „Es kann als sicher gelten, daß Jesus ein bedeutsames Mahl feierte."[12]

Weitgehend hat die Forschung der letzten hundert Jahre angenommen, und der Gedanke lebt bis heute fort, „das Abendmahl habe sich von einer Mahlzeit zu einem Kultakt entwickelt"[13], wobei man eine Rückerinnerung an Abendmahlsworte Jesu oft nicht leugnet. Wir möchten dem widersprechen[14]. Zwar lebt

---

[11] So *H. Lessig,* Abendmahlsprobleme (s. Anm. 10) 245.

[12] *Ders.,* ebd. 248f.

[13] *Ders.,* ebd. 161 (181ff u.s.); vgl. auch u. Anm. 20 u. 21. Vgl. dagegen mit Recht *G. Delling,* Der Gottesdienst im Neuen Testament (Berlin 1952) 128f.

[14] Mit *H. Lessig,* ebd.; vgl. auch *H. Conzelmann,* Grundriß der Theologie des

im korinthischen „Herrenmahl" vielleicht die (synoptisch recht schwach betonte) vorösterliche Tischgemeinschaft des Jüngerkreises weiter, und die Gegenwart des Auferstandenen bei den urchristlichen Mahlfeiern [15] ist gewiß der Ermöglichungsgrund, daß diese wieder aufgenommen wurde. Aber Ansatzpunkt des eucharistischen „Kultaktes" war nicht das Mahlgeschehen als solches, sondern die zeichenhafte doppelte Abendmahlshandlung Jesu in der Abschiedsstunde seines letzten Mahles, die durch das Ostergeschehen erneut, in erneuter Weise (s.u.) ermöglicht wurde. Eben *dieser* aber gilt hier unser besonderes Interesse.

b) Beobachtungen speziell an der eucharistischen Doppelhandlung

Diese eucharistische Doppelhandlung, die wir in Korinth dem Sättigungsmahl angefügt fanden, müssen wir uns näher anschauen. Sie bezeugt sich in den Einsetzungsberichten Lk 22,19–20 par; 1 Kor 11,23–25; aber auch Mk 14,22–24 (Mt 26,26–28); vgl. auch den „Midrasch" über diesen Joh 6,51b.53–58. Sie gibt allerlei Fragen auf. Über Brot und Weinbecher wird hier ein Eucharistiegebet gesprochen, worauf das gebrochene Brot und der Weinbecher unter deutenden Begleitworten allen zum Genuß dargereicht werden.

Was ist das für ein seltsamer Gestus, und wie ist seine Entstehung zu erklären? Zunächst darf gesagt werden, daß ein derartiges zeichenhaft-rituelles Geschehen mit Brot und Wein im Anschluß an ein Mahl im *hellenistischen* Raum (soweit er nicht von der christlichen Eucharistiefeier beeinflußt ist) seltsam analogielos dasteht. Die religionsgeschichtliche Erforschung der Mysterienkulte kennt Kultmahle, hat aber keine näheren Analogien beigebracht, die das Zustandekommen dieser eucharistischen Doppelhandlung

---

Neuen Testaments (München 1967) 71: „nicht bewiesen [sind] Gemeinschaftsmahle ohne sakramentale Bedeutung".

[15] Vgl. thematisch *B. Sandvik,* Das Kommen des Herrn beim Abendmahl im Neuen Testament (AWANT 58) (Zürich 1970); für Lukas *J. Wanke,* Beobachtungen zum Eucharistieverständnis des Lukas (Erfurter ThSchr 8) (Leipzig 1973).

erklären könnten. Sie „wird nur aus hellenistischem Material nicht verständlich. Vielmehr weist der feste Kern, den das Abendmahl in den Handlungen mit Brot und Wein hat, eindeutig auf jüdische Herkunft"; es „zeigt sich, daß hellenistisches Material lediglich zur Deutung der Handlung in Betracht kommt"[16]. Einzelheiten weisen dann auch diese Doppelhandlung eindeutig als *palästinensisch* aus. Es ist ein fast allgemein anerkanntes und kaum mehr zu bezweifelndes Ergebnis der Abendmahlsforschung, daß hier zwei ursprünglich getrennte Gesten des jüdischen Festmahls sekundär zusammengefügt sind, und zwar die beiden schon im jüdischen Brauchtum zeichenhaft-rituell verfestigten Handlungen, die mit dem Vortisch- und dem Nachtischgebet verbunden waren. Das in den Einsetzungsberichten Lk 22,20 par; 1 Kor 11,25 stereotyp weitergeschleppte „Ebenso auch nach dem Mahl" macht das fast sicher. Sehen wir uns diese beiden Gesten näher an.

α) Beim jüdischen Festmahl nahm *zu Beginn* des eigentlichen Hauptmahles der Sprecher des Tischgebetes einen Brotfladen in die Hände, nachdem er sich auf seinem Ruhepolster aufgerichtet hatte. Dann sprach er darüber im Namen aller einen Lobspruch, den alle mit „Amen" beantworteten. Danach brach er für jeden Mahlteilnehmer ein Stückchen Brot ab und teilte aus. Schon im jüdischen Raum war dieses „Brotbrechen" ein bedeutsames Tun in verfestigter, stilisierter Form[17]. Dieser zeichenhaft-bedeutsame Gestus ist einwandfrei palästinensischen Ursprungs, dazu für die Urgemeinde Apg 2,46 – vgl. auch die Bezeichnung „Brotbrechen" (Apg 2,42) – ausdrücklich bezeugt.

β) Auch die Segnung und Darreichung des Weinbechers dürfte palästinensisch erklärt werden müssen: Beim jüdischen Gastmahl nahm *gegen Ende* des Mahles der Hausvater einen ihm kredenzten Weinbecher sitzend in die Rechte, hielt ihn eine Hand breit über den Tisch und sprach darüber für alle das Tischdankgebet, das alle mit „Amen" beantworteten. Nach der üblichen Sitte trank dann der Sprecher des Tischgebetes aus seinem Becher, was dann

[16] *H. Lessig,* Abendmahlsprobleme (s. Anm. 10) 156 (vgl. 166).
[17] Siehe in dem o. Anm. 9 genannten Beitrag.

für die Tischgenossen das Zeichen abgab, aus ihrem eigenen Becher zu trinken. Daß die urchristliche Becherhandlung tatsächlich in diesem jüdischen Brauch gründet, beweist schon die Tatsache, daß das urchristliche Eucharistiegebet form- und traditionsgeschichtlich in der jüdischen Berakha über den dritten Mahlbecher wurzelt, dessen palästinensische Form zur Zeit Jesu wir erschließen können[18] und über dessen hellenistisch-jüdische Form wir auch allerlei Aussagen wagen dürfen, beweist aber wohl auch die jüdische Sitte, den „Segensbecher" zu „senden" (s.u.).

In Korinth wird also nach dem Zeugnis von 1 Kor 11,17–26 im Anschluß an ein Mahl ein Brauch mit Brot und Wein geübt, dessen zwei Bestandteile unverkennbar palästinensischer Herkunft sind. Der Unterschied ist nur der, daß hier zwei ursprünglich selbständige Gesten vor und nach Tisch zusammengewachsen sind. Der eigene Lobpreis über das Brot – vielleicht bezeugt er sich als urchristlicher Brauch noch Mk 14,22 par Mt 26,26 – scheint fortgefallen zu sein. Die Brothandlung ist zur Bechereucharistie ans Ende des Mahles gewandert, die nun über Brot und Wein zusammen gesprochen wird. Wahrscheinlich ist diese Zusammenfügung der beiden Gesten aus praktischen Gründen schon recht früh, vielleicht schon in Palästina, vorgenommen worden[19].

2. *Rückschlüsse auf das letzte Abendmahl Jesu*

Wir haben uns zurückgetastet in das Dunkel der Vergangenheit und sind mit der eucharistischen Doppelhandlung über den garstigen *Graben*, der den hellenistischen vom palästinensischen Raum trennt – wie es scheint: erfolgreich und einigermaßen heil hinübergelangt. Nunmehr aber stehen wir vor der tieferen und gefährlicheren *Kluft*, welche den nachösterlichen Raum der palästinensischen Gemeinde von dem vorösterlichen des Lebens Jesu

[18] Vgl. Näheres bei *Billerbeck* IV, 627–639; ferner *L. Ligier*, De la cène de Jésus à l'anaphore de l'église, in: Maison-Dieu 87 (1966) 7–51; *J. Betz*, Sacrifice et action de grâces, in: La Maison Dieu 87 (1966) 78–96.

[19] Siehe Näheres in dem o. Anm. 9 genannten Beitrag.

trennt. Aber eben um die „Sache Jesu“ in seinen Erdentagen geht es uns. Wie nun überwinden wir diese Kluft?

Rudolf Bultmann glaubt, in seiner „Theologie des Neuen Testamentes“[20] eine Beziehung des urchristlichen Herrenmahls zum letzten Mahl Jesu in Frage stellen zu dürfen, weil er die Akzentuierung der Brot- und Becherhandlung nur hellenistisch meint verstehen zu können[21], was ein verbreitetes Urteil wiedergibt. Zwei Beobachtungen scheinen es aber wahrscheinlich zu machen, daß wir in den beiden Abendmahlshandlungen verstehbaren Gesten Jesu auf die Spur kommen können.

a) Die Zusammenfügung von Brot- und Becherhandlung

Wie erklärt sich die *Zusammenlegung* der beiden ursprünglich durch eine Mahldauer voneinander getrennten Gesten des „Brotbrechens“ und der „Bechereucharistie“ zu einer eucharistischen Doppelhandlung? Ganz ohne Zweifel umrahmen sie darum nicht mehr das urchristliche Herrenmahl, sondern wurden zu einer einzigen Doppelhandlung zusammengeordnet, weil sie einerseits als besonders bedeutsam empfunden wurden und andererseits auch als zusammengehörig (so sehr, daß sie in der Tradition – besonders bei Mk und Mt bis auf Joh 6,51b.53–58, Ignatius und die liturgischen Einsetzungsberichte – immer stärker parallelistisch aneinander angeglichen wurden)[22].

Es wäre schon verständlich, wenn in palästinensischen Gemeinden das gemeinsame Mahl aufgrund der Ostererfahrung und der eschatologischen Erwartung einen neuen Akzent bekommen hätte. Aber – so ist zu fragen – warum wurden ausgerechnet diese beiden Mahlgesten so akzentuiert, daß die eine von ihnen dem Geschehen (vermutlich der Doppelhandlung) den Namen „Brot-

---

[20] (Tübingen [6]1968) 1–38.

[21] *Ders.*, ebd. 143–151; vgl. auch ebd. 59 143 die Mißdeutung des „Brotbrechens“ als „Mahl“; vgl. auch *W. Marxsen*, Das Abendmahl als christologisches Problem (Gütersloh [2]1965), bes. 17–21; *H. Braun*, Jesus (Themen der Theologie 1) (Stuttgart 1969) 50; *H. Conzelmann*, Grundriß (s. Anm. 14) 76.

[22] Vgl. *H. Schürmann*, Art. „Einsetzungsbericht“, in: LThK III ([2]1959) 762–765, ausführlicher die u. Anm. 57 genannte Arbeit.

brechen" gab (vgl. Apg 2,42)? Und vor allem: warum wurden sie dann noch aus dem Mahlvorgang gelöst und so verselbständigt, daß nun einem Mahlvorgang noch ein stilisiert-rituelles, quasikultisches Mahl angefügt wurde? Wie konnte in den urchristlichen Gemeinden, in denen das Mahl ohne allen Zweifel einen sehr starken Bezug zum eschatologischen Mahl hatte (vgl. nur Lk 22,15–18; Apg 2,46), ausgerechnet dieser Mahlvorgang so bagatellisiert werden? Besonders die palästinensischen Gemeinden hätten viel eher den Mahlvorgang als solchen akzentuiert und eschatologisch gedeutet. Wir kommen nicht um die Frage herum, ob nicht in den beiden zusammengehörigen Mahlgesten Erinnerungen an das letzte Abendmahl Jesu erhalten sein können.

Freilich muß hier nebenher auf Ableitungsversuche aus dem jüdischen Raum kurz eingegangen werden:

α) F. Spitta, P. Battiffol, R. Otto u.a. haben an den jüdischen *Qidduš* erinnert. Jeder, der den Sabbat-Qidduš in einer heutigen jüdischen Familie einmal miterlebt hat, wird fast notwendig an die Eucharistie denken (trotz der umgekehrten Reihenfolge von Wein und Brot): Auf das Segnen eines Weinbechers, über dem der Segen über den anbrechenden Sabbat bzw. Festtag gesprochen wird, erfolgt das das Mahl eröffnende Brotbrechen. Aber dieser Brauch stammt „aus spättanaitischer (vielleicht frühamoräischer) Zeit und war eine Folge des Aufkommens des Freitagabendgottesdienstes in Babylon, gehört also nicht in die Zeit Jesu"[23].

β) In unterschiedlicher Weise hat man in jüngster Zeit immer wieder auf das *Mahl der Qumran-Leute* hingewiesen, wie es in der Gemeinderegel (1 QS 6,1–6) und in der Gemeinschaftsregel (1 QSa 2,11–22) – zu vergleichen wäre auch eine Notiz bei Josephus, Bell. 2,131 – erwähnt wird. Aber was hier über die uns interessierenden beiden Mahlgesten gesagt ist, entspricht dem uns auch sonst bekannten jüdischen Brauch und zeigt darüber hinaus keine Besonderheit, die mit der eucharistischen Doppelhandlung in Verbindung gebracht werden könnte. Im übrigen wäre das entillusionierende Referat von H. Braun[24] zu vergleichen.

---

[23] Nach *J. Jeremias,* Die Abendmahlsworte Jesu (Göttingen [4]1966) 22; vgl. auch *H. Lessig,* Abendmahlsprobleme (s. Anm. 10) 148ff. *H. T. Slater,* Does the Kiddush Precede Christianity?: Andrews University Seminary Studies 7 (1969) 57–68, hat schwerlich das Gegenteil bewiesen.

[24] *H. Braun,* Qumran und das Neue Testament II (Tübingen 1966) 29–44; vgl. auch *H. Patsch,* Abendmahl und historischer Jesus (Calwer Theol. Mon. A/1) (Stuttgart 1972) 28–34.

γ) Schließlich wird immer wieder auf die Parallelen in *„Joseph und Aseneth"* verwiesen: Aseneth wird in die jüdische Gemeinde aufgenommen durch eine „sakramentale" Engelspeisung mit einer Honigwabe und einen Bechertrunk, wie fünfmal (8,5.9; 15,5; 16,16; 19,5) erwähnt wird. Aber die Nachweise von Chr. Burchard[25] dürften bewiesen haben, daß die Schrift ursprünglich griechisch abgefaßt war und vermutlich in Oberägypten entstanden ist, also schon darum aus unserer Betrachtung ausscheiden kann. Außerdem hat Traugott Holtz[26] – wie schon mache vor ihm – jüngst erneut den Versuch gemacht, die genannten Stellen als christliche Interpolation zu erklären.

b) Zwei Besonderheiten der eucharistischen Handlungen

Noch eine zweite Beobachtung kann geneigt machen, die beiden Abendmahlshandlungen auf Jesus selbst zurückzuführen: Bei genauem Zusehen sind hier doch nicht einfachhin präformierte jüdische Tischgesten aufgegriffen; vielmehr zeigen sich in den eucharistischen Gesten – dem jüdischen Brauch gegenüber – zwei charakteristische Unterschiede:

α) Der erste Unterschied wäre der: entgegen dem gewöhnlichen Brauchtum – das kann nicht entschieden genug (bes. gegen G. Dalman[27] und J. Jeremias[28]) betont werden! – wird bei der christlichen Feier in Entsprechung zu der Brotdarbietung an alle auch *der eine Becher* des Hausvaters allen Tischgenossen zum Trunk dargereicht, was durch eine eigene Aufforderung in seiner Besonderheit ausdrücklich hervorgehoben wird: „Nehmet und teilet ihn auf unter euch!" (Lk 22,17) – „Und sie tranken alle daraus" (Mk 14,23; vgl. Mt 26,27), wie – im Sinne einer liturgischen Anweisung – ausdrücklich berichtet wird. Es ist schon an sich ganz unwahrscheinlich, daß bei dem so kultivierten palästinensischen Festmahl ein Gemeinschaftsbecher üblich gewesen sein soll. Ich

---

25 *Chr. Burchard,* Untersuchungen zu Joseph und Aseneth (WUNT 8) (Tübingen 1965); vgl. auch *H. Patsch,* Abendmahl (s. Anm. 24) 28f.

26 *T. Holtz,* Christliche Interpolationen in „Joseph und Aseneth", in: NTS 14 (1967/68) 482–497.

27 *G. Dalman,* Jesus – Jeschua (Leipzig 1922) 140.

28 *J. Jeremias,* Abendmahlsworte (s. Anm. 23) 62ff.

kann hier nur auf frühere Darlegungen[29] verweisen. Tatsächlich ist der Gemeinschaftsbecher beim Festmahl als üblicher Brauch nicht bewiesen; im Gegenteil beweisen gerade die wenigen bezeugten Ausnahmen die Üblichkeit von Einzelbechern. Diese Besonderheit ist bislang nie konsequent beachtet und vor allem: nie konsequent bedacht worden. Es gibt – wir werden es noch sehen – nur eine Deutung, warum hier der übliche Brauch alteriert ist: es soll mit dem Becher – sinnbildlich oder wirklich, das bleibe noch dahingestellt – allen eine Gabe geboten werden: näherhin Anteil am Segen des „gesegneten“ (vgl. 1 Kor 10,16) Bechers. Es hat mit diesem Becher eben seine Besonderheit – darum die ungewöhnliche Darreichung an alle!

β) Eine zweite Besonderheit kann nicht übersehen werden: Dem üblichen Brauch entgegen wird die Brot- und Becherdarbietung *von deutenden Worten begleitet.* Diese stellen die Bedeutsamkeit der dargebotenen Gabe heraus und spezifizieren, welcher Art genauerhin die Segensgabe ist, die hier – symbolisch oder wirklich – gereicht wird. Es ist leichtsinnig, diese „liturgischen Worte, die das Herrenmahl zum Sakrament machen“ [?], mit R. Bultmann[30] als hellenistischen Zuwachs zu erklären, solange sie als Bestandteile der Zeichenhandlungen Jesu (s. u.) verständlich gemacht werden können. Eine derartige Deutung des gewöhnlichen Brotes und des ausnahmsweise dargebotenen Bechers hat im jüdischen Mahlbrauchtum keine Analogie[31]. Prophetische Zeichenhandlungen dagegen waren häufig von deutenden Worten begleitet (vgl. Ez 12,8–16.19f; 21,12; 37,19–28), und wenn Jesu Darbietungen von Brot und Weinbecher – übliche Mahl- (das Brotbrechen) bzw. Festmahlgesten (der Weinbecher)! – etwas bezeichnen sollten, waren deutende Worte kaum entbehrlich.

---

[29] *H. Schürmann,* Der Paschamahlbericht Lk 22, (7–14.) 15–18 (NTA XIX/5) (Münster ²1968) 60f.

[30] *R. Bultmann,* Theologie (s. Anm. 20) 144; vgl. auch *H. Braun,* Qumran (s. Anm. 24) 76; vgl. auch o. Anm. 20 und 21.

[31] Die Ausdeutung der Besonderheiten des Paschamahles – Lamm, Mazzen, Bitterkräuter – bieten keine eigentliche Analogie, weil hier Kindern die Eigentümlichkeiten der Paschamahlzeit erläutert werden und zumal hier durchaus keine Begleitworte zur Darbietung vorliegen.

Wir stellen *rückblickend* fest: Zwei übliche, schon beim jüdischen Mahl bzw. Festmahl rituell verfestigte Gesten sind im urchristlichen Mahlbrauch alteriert, eigenartig akzentuiert, immer mehr aneinander angeglichen und dann zusammengeordnet worden. Der Anlaß dieser „Überformung", dieser „Neuformierung" der beiden gebräuchlichen Gesten bedarf der Erklärung. Da die Akzentuierung dieser Gesten – wie wir oben sahen – sich kaum in palästinensischen Gemeinden herausgebildet haben wird und da die eucharistische Doppelhandlung im jüdischen Raum auch ohne Analogie ist, bleibt die wahrscheinlichste Lösung, daß sie auf bedeutsame individuelle Mahlgesten Jesu zurückgeht. Hat etwa Jesus, bei seinem Abschiedsmahl als Hausvater fungierend, die profanen Gesten der Brotdarbietung zu Beginn und der (gelegentlichen; s. u.) Becherdarbietung am Ende des Mahles benutzt, um seinen besonderen Gebewillen, vielleicht gar seine Hingabe an die Seinen, zum Ausdruck zu bringen? Es handelt sich jedenfalls um zwei bedeutsame, von deutenden Worten begleitete Darbietungsgesten, über deren Sinn nunmehr nachzudenken sein wird. Die Möglichkeit, daß die beiden eucharistischen Handlungen im Ursprung Abendmahlsgesten Jesu sind, darf jedenfalls – entgegen einem hellenistisch-sakramentalen Mißverständnis derselben (s. o.) – nicht außer acht gelassen werden. Diese Möglichkeit gewinnt an Wahrscheinlichkeit, wenn im folgenden derartige zeichenhafte Handlungen Jesu als sinnvoll verständlich gemacht und von seinem sonstigen Verhalten her als glaubwürdig aufgewiesen werden können.

II. VERSUCH EINER SINNDEUTUNG DER ABENDMAHLSHANDLUNG JESU

Wir glaubten vorstehend (unter I) im Geschehen des letzten Abendmahles Jesu zwei Mahlgesten finden zu dürfen, die zwar schon im jüdischen (Fest-)Mahlbrauch präformiert vorgegeben waren, die aber von Jesus überformt und zu besonderer Bedeutsamkeit erhoben worden sind. Zwei Fragen lassen sich nunmehr angehen; zunächst (1.): Welcher Sinn kann einer derartigen doppelten Darbietung abgewonnen werden? Und (2.): Wie kann man diese so gedeutete Doppelhandlung dann charakterisieren, generell bestimmen und als „Sache Jesu" dem Gesamtverhalten Jesu einordnen?

1. Der Sinn der Doppelhandlung Jesu

Wir wollen unserem Vorsatz treu bleiben, Jesu Worte – auch beim letzten Abendmahl – aus dem Kontext des Verhaltens Jesu zu bestimmen, entsprechend die *dicta* Jesu von den *facta* Jesu aus. Zu befragen wären also jeweils zunächst die Handlungen Jesu auf ihre erkennbare Sinnrichtung hin, dann erst die Begleitworte (im Hinblick auf das Gesamtverhalten und die Gesamtverkündigung Jesu).

a) Die Sinnrichtung der Abendmahlshandlungen Jesu

α) Die Darbietung des gebrochenen *Brotes* zu Beginn eines jüdischen Festmahles hatte gewiß nicht den Sinn, den Tischgenossen Anteil zu geben am Tischgebet, wie G. Dalman[32] immer wieder nachgesprochen wird. Ihre Zustimmung zur Berakha des Hausvaters gaben die Tischgenossen schon durch ihr „Amen".

Das Brechen des Brotes für die Tischgenossen und die Austeilung ist schon natürlicherweise ein Gebegestus. Die Darbietung gab dem Hausvater Gelegenheit, wie man bei Ber. 46a[33] nachlesen kann, sein „schönes Auge", d. h.: seine wohlwollende Gesinnung, in das Austeilen hineinzulegen. Wahrscheinlich wurde die Eulogie, die über dem Brot gesprochen war, doch irgendwie als segenvermittelnd empfunden und dementsprechend das symbolisch dargereichte Brotstückchen als heilsam. Man sollte eine derartige Deutung nicht vorschnell als „hellenistisch" abtun, zumal wir sicher wissen, daß das Brauchtum auch des palästinensischen Festmahles weitgehend hellenistisch bestimmt war. Hellenisti-

[32] *G. Dalman,* Jesus – Jeschua (s. Anm. 27) 125f 140f.
[33] Vgl. *ders.,* ebd. 126.

sches Denken konnte auch damals schon gut palästinensisch sein[34]. „Der Genuß des gebrochenen Brotes bzw. des Weines im Segensbecher vermitteln ... bei *jeder* gemeinsamen Mahlzeit – Anteil an dem Segen, der über dem Brot bzw. dem Wein vor der Austeilung gesprochen wurde", betont ein Palästina-Kenner wie J. Jeremias[35]. Es genügt als Beleg schließlich der Hinweis auf die vielen jüdischen Zeugnisse – J. Jeremias[36] hat sie zusammengetragen –, nach denen Essen und Trinken göttliche Gaben vermitteln.

β) Diese Sinndeutung der Brotdarbietung wird von der *Becherdarbietung* her abgestützt. Wie wir sahen, hat Jesus – dem üblichen Brauch entgegen – seinen Becher allen Tischgenossen zum Trunk dargeboten. Hierbei konnte er an einen jüdischen Mahlbrauch anknüpfen: Einem zu ehrenden Mahlteilnehmer oder etwa auch der Hausfrau im Nebengemach konnte der Hausvater seinen Becher zum Trunk „senden", was später dann beim Qiddušbecher der Sabbate und Festtage allgemein üblich wurde[37]. Dieser Brauch hatte in etwa den Stellenwert unseres Zutrinkens, also eines drastischen Segenswunsches: „Zum Wohl!" Es gibt Belege, die Dalman[38] und – korrigierend und ergänzend – Billerbeck[39] sammelten, daß der Trunk aus dem so zugesandten „Segensbecher" (1 Kor 10,16) als heilsam galt in mancherlei Hinsicht – für die Hausfrau z.B. in bezug auf Kindersegen. Es ist ein „Kelch des Heiles": „Erheben will ich den Kelch des Heiles" (Ps 116,13). Wer daraus trinkt, erfährt, daß sein „Becheranteil der Herr" selbst ist (Ps 16,5). Warum gibt Jesus also beim letzten Mahl entgegen dem üblichen Brauch den Tischgenossen Anteil an seinem Weinbecher? Wir können kaum anders deuten: um ihnen eine Segensgabe – reden wir vorsichtig: zu verheißen oder zukommen zu lassen. Wenn dieser Gebegestus eine signifikative Note hat, kann diese nur darin liegen: Hier werden die Tischgenossen beschenkt

---

34 Vgl. *M. Hengel,* Judentum und Hellenismus (WUNT 10) (Tübingen 1969).
35 *J. Jeremias,* Abendmahlsworte (s. Anm. 23) 244.
36 *J. Jeremias,* ebd. 225–228.
37 Vgl. *G. Dalman,* Jesus – Jeschua (s. Anm. 27) 140.
38 *G. Dalman,* ebd. 140. 39 IV, 69f.

mit einem heilsamen und erfreuenden Trunk; der Gebegestus signifiziert eine Segensvermittlung[40] – wir werden noch zu prüfen haben, welche.

Wir müssen es uns hier versagen, auf andersartige Ausdeutungen der Abendmahlsgesten Jesu ausführlich einzugehen[41], die die beiden Handlungen Jesu, Brot und Becher, ausdeuten und dabei weitgehend von den umstrittenen Begleitworten her – und damit mit einem großen Unsicherheitsfaktor – argumentieren. Wir stehen aber auf festem Grund, wenn wir die Darbietungsgesten als *Gebegesten* erkennen und wenn wir die umstrittenen Begleitworte im Kontext dieses Verhaltens Jesu verstehen, nicht umgekehrt. Nebenher mag gesagt werden, daß das signifikative Element dieser zeichenhaften Handlung nicht in der „*Trennung der Gestalten*" liegen kann (die im Mahlvorgang durch eine Mahllänge voneinander getrennt *waren,* aber nicht signifikativ getrennt *werden!);* daß auch nicht der übliche und herkömmliche Brauch des *Brotbrechens* an sich eine Symbolhandlung sein will (zumal der Akt des Brechens ja gar nicht gedeutet wird) und daß das *Ausgießen* des Mischkruges in die Becher bzw. des Bechers des Hausvaters in die Einzelbecher nicht zeichenhaft sprechend ist (und ebenfalls nicht gedeutet wird). Die deutenden Worte werden jeweils *nach* jenen Handlungen gesprochen; sie begleiten und artikulieren die austeilende Darbietung. Brot und Becher werden dargereicht; sie sind von den dienenden, schenkenden Handlungen her[42] bestimmt als „Dargereichtes", „Zugedachtes", als Gaben der Liebe, des Heils. Das gilt um so mehr, weil das *gebrochene* Brot kein Gleichnis des zerstückelten Todesleibes Jesu ist und die (nirgends erwähnte) *rote Farbe des Weines* an sich noch kein Bild des Blutes[43]. Brot und Becher werden gereicht als *Nahrungsmittel:* als heilsame Speise und erfreuender Trunk; in welchem Sinn näherhin, müssen die dabei gesprochenen Begleitworte sagen.

(Eine *Zwischenbemerkung,* die einiges vorwegnimmt, kann vielleicht

---

[40] Richtig gesehen von *P. Brunner* in: Leiturgia (hrsg. von K. F. Müller und W. Blankenburg) (Kassel 1954) 83–364, bes. 229.

[41] Vgl. dazu etwa das Referat über die unterschiedlichen Gleichnisdeutungen bei *H. Lessig* (s. Anm. 10) 308–313.

[42] Als Gebegesten, die eine Segensmitteilung abbilden, auch verstanden von *W. Grundmann,* Botschaft und Gemeinde im Neuen Testament, in: Amtsbl. der Ev.-luth. Kirche in Thüringen 25 (1972) 134–138, hier 137, der auf seine ältere Arbeit verweist: Das Wort von Jesu Freunden (Joh. XV, 13–16) und das Herrenmahl, in: NT 3 (1959) 62–69. – *J. Roloff,* Die Deutung des Todes Jesu (Mk. X. 45 und Lk. XXII. 27, in: NTS 19 (1972/73) 38–64, bes. 62f, verkennt leider den Dienstcharakter der Abendmahlsgesten Jesu, so daß er den Dienstgedanken erst für das urchristliche Herrenmahl ausdeutend verwerten kann (s. u. Anm. 64).

[43] Gegen *J. Jeremias,* Abendmahlsworte (s. Anm. 23) 215.

helfend sein: Es muß uns hier nicht näher interessieren, ob die Darreichung einer Speise zeichenhaft gleichnishaft als – dann: wirksamer – Zuspruch einer Verheißung verstanden werden muß oder als reale Darbietung einer Heilsgabe – was eine Zeichenhaftigkeit nicht ausschließen würde. Wir werden noch sehen, daß diese Alternative dem Sinn der Handlung Jesu kaum gerecht wird.)

b) Die Auskunft der Begleitworte im Kontext des Verhaltens Jesu

Wir möchten das Ergebnis der Abendmahlsforschung ernst nehmen, nach dem der ursprüngliche genaue Wortlaut der Deuteworte Jesu mit der historisch gewünschten Sicherheit nicht mehr zurückzugewinnen ist[44]. Das ist freilich ein Notstand, weil Jesu Darbietungsgesten und seine Heilsgaben, wie wir sahen[45], notwendig nach deutenden Worten rufen, in denen sie sich sinnvoll eröffnen. Was für eine Heilsgabe will Jesu scheidend den Seinen geben? Es bietet sich eine doppelte Hilfe an, die Gebegesten Jesu näher auszudeuten: die Übereinstimmung im Zeugnis der unterschiedlichen Begleitworte und unterstützend: der Kontext des „Verhaltens Jesu“[46] und seiner Gesamtverkündigung. Wenn wir nicht auf das Unterschiedliche, sondern auf das Gemeinsame in der Lk-Paulus-Tradition und bei Markus (Matthäus) schauen, finden wir in beiden Überlieferungssträngen sowohl den Bundesgedanken

---

[44] Vgl. etwa *F. Hahn,* Die alttestamentlichen Motive in der urchristlichen Abendmahlsüberlieferung, in: EvTh 27 (1967) 337–374; auch *H. Conzelmann,* Grundriß der Theologie des Neuen Testaments (München 1967) 76. Recht zuversichtlich dagegen wieder *G. Kümmel,* Die Theologie des Neuen Testaments (NTD, Erg.-Bd. 3) (Göttingen 1969) 81–85.

[45] Siehe o. unter 2bβ.

[46] Vgl. thematisch schon: *H. Schürmann* in: Jesu Abendmahlsworte im Lichte seiner Abendmahlshandlung, in: Conc 4 (1968) 771–776. – Vgl. dazu nun auch *R. Schnackenburg* in: R. Schnackenburg antwortet Fr. J. Schierse, Wer war Jesus von Nazareth (Das theologische Interview 9) (Düsseldorf 1970) 32f: „Für die Urkirche waren bei der Eucharistiefeier nicht die isolierten Worte Jesu das Entscheidende, sondern das ganze Tun Jesu. Die Christen haben es nachvollzogen, und in dem Tun Jesu, in dem freilich die Worte ihren bestimmten Ort und ihre Bedeutung haben, erschloß sich ihnen das, was Jesus beabsichtigt hatte. Der Ansatz liegt stärker als für uns beim Tun; allerdings decken die dabei gesprochenen Worte, die ja zum Tun gehören, doch etwas von dem Sinn des Geschehens auf.“

wie den des Sühnetodes. Die Gabe Jesu wird also sowohl eschatologisch wie soteriologisch ausgedeutet. Dabei kann ernstlich die Frage gestellt werden, ob F. Hahn richtig sieht, wenn er urteilt: „Im übrigen erwecken Sühne- und Bundesmotiv nicht den Eindruck, daß eines das andere nach sich gezogen habe, vielmehr liegt jeweils ein selbständiger Gesichtspunkt vor.“[47] In aller Kürze wollen wir beiden Motiven unser Augenmerk zuwenden:

α) Wenn Jesu doppelte Darbietung bedeutungsvoll auf eine Segensgabe hinweist, wird man zunächst geneigt sein, an die *eschatologische Heilsgabe* zu denken. Denn daß in Jesu Handeln und in seinem Worte die Kräfte und Gaben der eschatologischen Welt Gottes angezeigt werden bzw. hereinbrechen, ist seit Johannes Weiß[48] fast unbestrittenes Gemeingut aller Jesusdeutungen. J. M. Robinson[49] glaubt den in der neueren Jesusforschung erreichten Konsensus dahingehend umschreiben zu können, „daß die Botschaft Jesu wesentlich in einer Ansage an die Gegenwart angesichts der bevorstehenden eschatologischen Zukunft besteht“. In dem messianischen Verkündigungsruf Jesu Lk 6,20f[50] wird den Armen die Basileia, den Hungernden die Sättigung, den Weinenden das befreiende Lachen angezeigt. Markus bringt diese Verkündigung Jesu auf den Generalnenner: „Erfüllt ist die Zeit und nahe herangekommen die Basileia Gottes“ (Mk 1,15).

Jesus hat nun aber die Basileia häufig gleichnishaft unter dem Bilde des Mahles dargestellt[51], so daß der Gedanke an das eschatologische Mahl vom letzten Abendmahl Jesu schwer fernzuhalten ist. Dem sehr alten Abendmahlsbericht Lk 22,15–18 par Mk 14,25 zufolge[52] verweist Jesus dann auch in der Stunde des letzten

---

[47] *F. Hahn*, Die atl. Motive (s. Anm. 44) 336.

[48] *J. Weiß*, Die Predigt Jesu vom Reiche Gottes (1892, Nachdruck Göttingen ³1964).

[49] *J. M. Robinson*, Kerygma und historischer Jesus (Zürich – Stuttgart ²1967).

[50] Vgl. dazu *J. Dupont*, Les Béatitudes II (ÉB) (Paris ²1969).

[51] Vgl. Mt 8,11; Lk 14,15–24; Mk 2,18f u.s.

[52] Vgl. dazu *H. Schürmann*, Paschamahlbericht (s. Anm. 29). Mit Recht nehmen heute viele – vgl. *W. G. Kümmel*, Theologie (s. Anm. 44) – Mk 14,25 zum Ausgangspunkt für die Erschließung der Abendmahlsworte. Es werden aber auch die in vorstehendem *1. Beitrag* (unter VIII, 2a) angemeldeten Bedenken gegen eine ausschließlich eschatologische Deutung ernst genommen werden müssen.

Mahles ausdrücklich auf das eschatologische Mahl: auf eine erneute Paschafeier und ein erneutes Weintrinken in der Basileia Gottes. Diese Verheißung lebt abgewandelt auch Lk 22,30a fort: „daß ihr eßt und trinkt an meinem Tisch in meinem Königtum". Die älteste Gemeinde feierte nach Apg 2,46 dann auch ihr Mahl in eschatologischem „Jubel"[53].

Daß das Hereinbrechen des Eschatons mit seinen Kräften und Gaben, wie das ganze Verhalten und die Gesamtverkündigung Jesu, so auch Jesu Abschiedsmahl beherrscht hat, ist an sich recht glaubwürdig, ja mehr als das: Wenn Jesus – in welcher Weise auch immer – sich als Künder und Bringer des Eschatons gewußt hat, dann mußte diese seine Aufgabe in der Abschiedsstunde, im Angesicht des nahenden Todes, notwendig in aktueller Weise thematisch werden. Und wenn man weiß, daß das Mahlbild, daß auch speziell die Gabe des Brotes und noch mehr die des Weines prästabilisierte eschatologische Bilder im jüdischen Raum waren[54], liegt der Gedanke recht nahe, daß auch Jesu Brot- und Becherdarbietung das eschatologische Heil verheißend anzeigen oder zusprechend geben wollte. So spricht dann auch das Becherwort in allen Fassungen ausdrücklich oder doch sachlich von dem oder einem „neuen" Bund. Im Becherwort des Lukas und Paulus (Lk 22,20; 1 Kor 11,25) ist an den verheißenen eschatologischen „Neuen Bund" von Jer 31,31–34 erinnert: „Dieser (dargereichte) Becher ist der (eschatologische) Neue Bund", d.h. gibt Anteil an ihm. Weit überwiegend halten die Abendmahlsforscher diese (unpaare) Form des Becherwortes heute[55] für ursprünglicher als das Weinwort des Mk (und Mt), das anders an den Sinaibund Ex 24,8 erinnert, der nun hier erneuert wird.

Alle diese Beobachtungen und Erwägungen zusammengenommen, werden wir urteilen dürfen: Auch bei größter historischer Skepsis, die den Bundesgedanken in den Deuteworten für ungesichert hält, wird man zumindest den eschatologischen Gedanken, der ihm zugrunde liegt, nicht eliminieren können. Somit hätte Je-

---

[53] Vgl. dazu *R. Bultmann* in: ThWb I (1933) 18–29.

[54] Vgl. *J. Jeremias*, Abendmahlsworte (s. Anm. 23) 225–228.

[55] Gegen *J. Jeremias*, ebd. passim, und seine Nachfolger.

sus noch im Angsichte des nahenden Todes den Seinen das eschatologische Heil mit emphatischer Geste zugesprochen, als er ihnen das Brot und den Weinbecher darreichte.

β) So stehen wir nunmehr vor der schwierigen und umstrittenen Frage: Ist in der doppelten Gabe Jesu auch sein *Tod heilseffizient* verstanden? Es kann – wie wir schon oben sahen – schwerlich bestritten werden, daß Jesus ein letztes Mahl gehalten hat, und zwar – wie die nächtliche Stunde, das Liegen bei Tisch, der Weingenuß u. a. ganz deutlich machen – betont in der Form eines Festmahles. Ein solches mußte aber einen Anlaß haben. Gab das Paschafest den Anlaß? Ob Jesu Mahl ein rituelles Paschamahl (bzw. in Angleichung an dieses ein am Vortage vorweggenommenes) war oder ob der ganze Paschagedanke erst nachösterlich eingetragen wurde, darüber ist die Forschung nach wie vor uneinig. Wir verzichten darum auf alle unsicheren Argumente aus dem Paschamahlcharakter (den auch J. Jeremias[56] schwerlich bewiesen hat). Wohl aber dürfen wir der Überlieferung trauen, die Jesu Mahl ein Abschiedsmahl sein läßt, gehalten im Angesicht des nahenden Todes. Es muß von daher notwendig gefragt werden, ob neben der durchgehaltenen eschatologischen Verheißung nicht auch der Todesgedanke thematisch geworden ist. Nun sind sich aber die überlieferten Deuteworte mit dem eschatologischen Ausblick Lk 22, 15–18 par Mk 14, 25 darin einig, daß Jesus die Darreichung (des Brotes und) des Bechers in Beziehung gebracht hat nicht nur mit dem eschatologischen Heil, sondern auch mit seinem bevorstehenden Tod.

Die unpaare Form des *Becherwortes* der Lk-Pls-Tradition (Lk 22,20 par 1 Kor 11,25) wird von den meisten Abendmahlsforschern heute mit Recht bevorzugt: „Dieser Becher ist der Neue Bund in meinem Blute“; d. h. gibt Anteil am eschatologischen Bund, der zustande kommt aufgrund meines bevorstehenden Todes. „Blut“ steht traditionell für den Martyrertod und kann hier speziell den des Ebed Jahwe (Jes 53) meinen. Aber auch noch nach Mk (Mt) kommt die Erneuerung des Bundes schließlich

---

[56] *J. Jeremias,* ebd. passim.

zustande aufgrund des Todes Jesu, der hier nun im Lichte von Ex 24,8 als Kultopfer gedeutet wird: „Das ist mein Bundesblut."[57]

Da Brot- und Becherhandlung durch eine Mahllänge voneinander getrennt waren, kann man die Brothandlung nicht als Teil eines synthetischen Parallelismus verstehen, welche Form sie bei Mk (Mt) angenommen hat. So setzt sich das Urteil immer mehr durch, daß auch im *Brotwort* die vollere Form des (klimaktischen) Parallelismus, wie sie in der Lk-Pls-Tradition vorliegt, ursprünglich ist: „Das ist mein Leib, der für euch (Lk 22,19b: dahingegeben ist) (1 Kor 11,24)." Erinnert ist entweder auch hier an die Hingabe des Ebed Jahwe oder an den Opferleib Jesu; in jedem Fall ist der Tod als Heilstod mit stellvertretender und sühnender Wirkung verstanden[58].

Auch wenn wir nicht den Mut haben, unter diesen unterschiedlichen Formulierungen die authentische Diktion Jesu zu erheben, bleibt doch die Frage, ob wir den Deuteworten trauen dürfen, wenn sie das verheißende eschatologische Heil – wie näherhin auch immer – effektiv an den Tod Jesu knüpfen. Hat Jesus beim letzten Mahl – im Angesicht des erwarteten Todes – seine eschatologische Heilsverheißung erneuert und dabei seinen Tod als das Wirkmittel gedeutet, durch den das eschatologische Heil heraufgeführt werden soll? Hat Jesus das eschatologische Heil als Frucht seines Todes gedeutet?

Mancher kritische Historiker urteilt, es müsse mit der Möglichkeit gerechnet werden, daß die Heilsbedeutung des Todes Jesu erst nachträglich im Osterlichte aufgeleuchtet sei[59], zumal es, abgesehen von den Abendmahlsworten und dem – ebenfalls ungesicherten – Logion Mk 10,45 kein Wort Jesu gibt, das die Heilsbedeutung seines Todes deutlich verkündet. Die „verdeckten" Leidensweissagungen Lk 11, 29f par; 12, 49f; 13, 31f. 33 S; 13, 34f par; Mk 2, 18ff parr; 10, 38f parr; 12, 1–9. 10f parr sowie die „offene" Mk 8, 31 parr (und ihre Derivate) enthalten den Sühnegedanken nicht. Man wird dagegenhalten, das könne auch gar nicht erwartet werden, wenn Jesus bis in seine letzte Stunde

[57] Vgl. die nähere Deutung der unterschiedlichen Berichte in: *H. Schürmann,* Der Einsetzungsbericht LK 22,19–20 (NTA XX/4) (Münster ²1970).
[58] Näheres ebd.
[59] Siehe dazu den vorstehenden *1. Beitrag* (zu II, 2b).

das gesamte Israel zur Umkehr auf die Basileia hin aufgerufen habe. Konnte Jesus aber nicht doch schließlich in dieser letzten Stunde, da das Scheitern seiner Mission offenkundig war, den Tod bewußt als letztes Mittel einsetzen (und davon auch im Kreise seiner engsten Jünger reden), um durch seinen Martyrertod stellvertretend und sühnend das eschatologische Heil Gottes herabzuflehen – nun freilich nicht mehr nur für Israel, sondern „für die vielen", also auch für die Heidenvölker?[60] Die Sinnhaftigkeit dieser Deutung wird niemand bestreiten wollen. Daß es einer kritischen Methode darüber hinaus als „möglich" oder irgendwie gar „wahrscheinlich" gelten kann, daß Jesus seinem bevorstehenden Tod Heilsbedeutung zugeschrieben hat, wurde in vorstehendem Beitrag dargelegt[61].

Wir wollen versuchen, auf festem Boden zu bleiben, uns nicht auf die Deuteworte und die tradierten Leidensweissagungen zu stützen und einen sicheren Weg zu finden. Wir haben die schon oben bedachte sehr alte Tradition vom letzten Abendmahl – in ihrer Urform[62] – älter als die Einsetzungsberichte, die Jesus bei seinem letzten Mahl in solcher Weise tatsächlich eine doppelte Todesprophetie[63] aussprechen läßt. Diese Todesprophetie hat – in letzter Stunde gesprochen – die Form eines derartigen „Trotzdem" – nämlich mit eschatologischem Ausblick: „Nimmermehr werde ich es (= dieses Pascha) essen, bis daß es erfüllt wird in der Basileia Gottes" (Lk 22, 16); „nicht mehr werde ich trinken vom Gewächs des Weinstockes bis zu jenem Tage, da ich davon neu trinken werde in der Basileia Gottes" (Mk 14, 25 par Lk). Die Basileia kommt trotz der Todeskatastrophe, sagt dieser Text, und für Jesus gibt es dann ein neuartiges Mahlhalten in der kommenden Basileia. Wir deuteten oben schon mit allerlei Zuversicht: Jesus hat

[60] Vgl. dazu *A. Vögtle* in: LThK V (^{2}1960); *ders.*, Exegetische Erwägungen über das Wissen und Selbstbewußtsein Jesu, in: Gott in Welt (Festschr. für K. Rahner) I (Freiburg i. Br. – Basel – Wien 1964) 608–667.

[61] Gewisse Wiederholungen sind hier nicht zu vermeiden.

[62] Siehe den vorstehenden *1. Beitrag* (zu II, 2a) sowie näherhin die oben in Anm. 29 genannte Arbeit.

[63] Nicht: „Verzichtserklärung" (1. Aufl.: „Entsagungsgelübde"); gegen *J. Jeremias,* Abendmahlsworte (s. Anm. 23) 199–210.

seine eschatologische Verheißung in der doppelten Abendmahlshandlung durchgehalten auch noch in einer letzten Stunde, bei seinem Abschiedsmahl, mit Gesten letzter dienender Hingabe[64]. Im Angesicht der Katastrophe spricht er den Seinen das entscheidende Heil zu, während er ihnen das eulogisierte Brot und den „Becher des Segens" reicht. Wer aber als Sterbender in solchem Hingabegestus noch das Heil Gottes zuspricht – gibt er sich nicht sterbend proexistent selbst mit hinein in diese Darbietung? Weil diese im Angesicht des Todes, im Augenblick des Abschieds geschieht, bekommen diese Hingabegesten eine unerhörte Emphase, sind geleistet und gesprochen als ein „Trotzdem": „Trotz der totalen Katastrophe meines Wirkens und Verkündens verheiße und spreche ich euch todesbereit das eschatologische Heil zu."

Man kann die Frage doch wohl nicht umgehen, was das denn für ein Tod sein mag, der das eschatologische Heil nicht aufzuhalten vermag. Diese Frage ist dann nötig, wenn man – mit einem auch in der kritischen Forschung sehr verbreiteten Urteil – Jesus mehr sein läßt als einen Propheten (vgl. Mt 12,41 f), nämlich den letzten Boten Gottes, der das Kommen des Eschatons im Namen Gottes verbindlich anzuzeigen hatte als Bote und Bringer der Basileia. Selbst der positivistischste Historiker wird fragen müssen, ob dieser so qualifizierte Bote des eschatologischen Heils dieses sein und seiner Botschaft katastrophales Ende nicht in eine posi-

---

[64] „Das letzte Mahl Jesu war – wie man auch in der in vielen Einzelheiten noch offenen Diskussionslage mit relativer Sicherheit vermuten darf – einerseits gekennzeichnet durch Jesu Ankündigung seines unmittelbar bevorstehenden Todes ... andererseits durch die Verheißung einer neuen Mahlgemeinschaft beim Kommen der Gottesherrschaft ... Die Weise der Zusammengehörigkeit dieser beiden Komponenten erschloß sich der das Herrenmahl feiernden Gemeinde auf dem Wege über die Besinnung auf das Dienen Jesu. Denn so wurde deutlich: was Jesus tut, auf den das letzte Mahl verwies, war nichts anders als die äußerste Konsequenz seiner dienenden Selbstpreisgabe, und zwar nicht nur im Sinne geschichtlicher Kausalität, sondern in der Weise, daß sich in diesem Tod die eigentliche Dimension von Jesu Handeln an den Sündern während der Erdentage eröffnete." Leider verkennt *J. Roloff,* Deutung (s. Anm. 42) hier (S. 63), daß die Klammer der beiden Komponenten – das Dienen Jesu – schon in der Abendmahlshandlung Jesu zu finden ist, speziell in der dienenden Hingabe und Gabe des letzten Mahles gesucht werden muß.

tive Beziehung gesetzt haben muß zur durchgehaltenen Heilsverheißung. Man wird weiter fragen müssen, was dieser Tod bedeutet, wenn man – mit einem ebenfalls verbreiteten Urteil – Jesu „Wesen“ als „Proexistenz“ – radikal auf den Nächsten und auf Gott hin – versteht. Da es dabei um das Verstehen eines personalen Verhaltens geht, wird der Historiker gar sehr um die Grenze seiner Methode wissen müssen. Vielleicht explizieren also die Deuteworte mit ihrem Hinweis auf das sühnende Sterben des Märtyrers (Lk 22, 20a), des stellvertretenden Leidens des Gottesknechtes (Lk 22, 19; Mk 10, 45) und auf Opfervorstellungen (bes. Mk 14, 23f) nachösterlich doch nur, was Jesu Zeichenhandlung bereits implizierte?

Jesu Abendmahlsgabe kündet und gibt Anteil am Eschaton. Dabei ist der Tod Jesu vielleicht also doch nicht nur als der Anlaß gesehen, diesem Anerbieten scheidend die letzte Emphase zu geben. Die Tradition wäre ernster zu nehmen, nach der hier der Tod als Mittel gesehen ist, der diese eschatologische Gabe ermöglicht, so daß das eschatologische Heil als Frucht dieses Todes verstehbar wäre[65]. Die vorstehende Argumentation eröffnet nicht nur die Möglichkeit dieser Annahme, sondern auch eine gewisse Wahrscheinlichkeit. Wie die eschatologische Heilsverheißung und Heilsdarbietung des Scheidenden diesen Heilswert des Todes gedanklich dabei näherhin ins Wort gehoben hat und wie weit der Heilssinn des Todes – als „Gebärdensprache“ – den proexistenten Darbietungsgesten implizit blieb, ist letztlich nicht so wichtig. Vielleicht aber kommen wir weiter, wenn wir uns diese letzten Darbietungsgesten Jesu nunmehr näher ansehen und auf ihre Gebärdesprache hin befragen.

Ein unsere Ausführungen bestätigender Gedanke sei jedoch noch *angefügt:* „Die Sache Jesu geht – nach dem Tode Jesu – weiter“: das kann nicht erst eine Ostererkenntnis gewesen sein. Das dürfen wir jedenfalls mit einiger Zuversicht sagen: Wenn es eine

[65] Auch *K. Kertelge,* Die urchristliche Abendmahlsüberlieferung und der historische Jesus, in: TThZ 81 (1972) 193–202, versucht den Nachweis, daß die soteriologischen Interpretamente ihr sachliches Recht im Selbstverständnis und Verhalten Jesu haben.

derartige vorösterliche Verheißung – spätestens in der Abschiedsstunde des letzten Mahles – nicht gegeben hätte, schwerlich wären die Erscheinungen des Auferstandenen jemals als Erhöhung Jesu und als Beginn der allgemeinen eschatologischen Totenerwekkung gedeutet worden. Die Ostererkenntnis, daß die Sache Jesu jenseits des Todes Jesu weitergehen würde, war nach der Tradition als Verheißung schon vorweggenommen in der Zeichenhandlung des Abendmahles Jesu, war implizit schon zum Ausdruck gebracht in seinem letzten großen *dromenon*, der beschriebenen drastischen Verheißung und Zusage. Sachliche Überlegungen lassen das fast als ein notwendiges Postulat erscheinen. Die Ostererkenntnis der Jünger ruft nach einer Verheißung und Zusage, wie sie das Abendmahl nach der Tradition gegeben hat.

2. *Die Abendmahlshandlungen Jesu als „eschatologische Erfüllungszeichen"*

Wir stehen nun noch vor der Aufgabe, die erarbeiteten Abendmahlshandlungen Jesu gattungsgemäß einzuordnen und sie damit zugleich vom Kontext des allgemeinen Verhaltens Jesu her, vielleicht sogar von seinem Auftrag und seinem „Wesen" her, näher zu verstehen. Nur wenn das gelingt, ist die Behauptung, die so gedeuteten Darbietungsgesten seien nur hellenistisch verstehbar, in Frage gestellt. Sie sind – um es vorwegzusagen – verständlich zu machen als „eschatologische Erfüllungszeichen"; als solche sprengen sie jede traditionelle Gattung.

a) Was ist ein „eschatologisches Erfüllungszeichen"?

Schon häufiger[66] sind die zeichenhaften Abendmahlshandlungen Jesu von den prophetischen Symbolhandlungen her – z. B. Ez

[66] Vgl. nur *R. Otto*, Vom Abendmahl Christi (1917), in: Sünde und Unschuld (München 1932) 96–122; *ders.*, Reich Gottes und Menschensohn (Stuttgart ³1954) 239–244; *J. Jeremias*, Abendmahlsworte (s. Anm. 23) 196ff 244f; *ders.*, Die Gleichnisse Jesu (Göttingen ⁷1965) 225; *P. Brunner*, a. a. O. (s. Anm. 40), bes. 229–232; vgl. das Referat bei *W. Averbeck*, Der Opfercharakter des Abendmahls in der neueren evangelischen Theologie (Paderborn 1966) 316–335. Vgl. auch *N. A. Beck*, The Last Supper as an Efficacious Symbolic Act, in: JBL 89 (1970) 192–198; *H. Patsch*, Abendmahl (s. Anm. 24) nennt 245, Anm. 185, Auto-

4, 1–17; 5, 1–17; Jer 19, 1–15 u.s.–[67] verstanden worden. Auch nach G. Delling „erklärt“ Jesus „sein Tun durch deutende Worte zu einer ‚symbolischen‘ Handlung, die er (nach der Weise der Propheten des Alten Testamentes) hiermit vollzieht. ‚Symbolisch‘ ist sie im Sinne der wirksamen Gleichnishandlung (genauso wie das Wort Jesu wirkendes Wort ist, weil in seinem Wort das geschieht, was er sagt).“[68] Hier könnten wir – will es scheinen – auf der rechten Spur sein, wenn wir die Abendmahlshandlungen Jesu gattungsmäßig einordnen wollen.

Bei prophetischen Handlungen wird „die Art der Handlung, die sich vollziehen soll, ... durch die ausgeübte nachgeahmt ... Die Handlung wird nach dem Gesetz der Analogie vollzogen ... Analog dem, was sich in der Handlung ereignet, wird es dem Urbild ergehen.“[69] Aber sind mit solcher Beschreibung die „eschatologi-

---

ren, die Jesu Abendmahlshandlung als Gleichnishandlung verstehen; vgl. auch ebd. 246, Anm. 198 und 202. – Auf katholischer Seite haben Jesu Abendmahlshandlung als *ōt* gedeutet *J. Dupont,* „Ceci est mon corps“, „Ceci est mon sang“, in: NRTh 80 (1958) 1025–1041, und ihm folgend *J. Betz,* Die Eucharistie in der Zeit der griechischen Väter I/1 (Freiburg i.Br. 1961), bes. 46–59; *ders.* nunmehr verdeutlichend in: Mysterium salutis. Grundriß heilsgeschichtlicher Dogmatik (hrsg. von J. Feiner und M. Löhrer), Einsiedeln–Zürich–Köln 1973, 196–205.

[67] Vgl. dazu *G. Fohrer,* Die symbolischen Handlungen der Propheten (Zürich ²1968), der (S. 18) 32 prophetische Symbolhandlungen zählt.

[68] A.a.O. (s. Anm. 13) 125f. Vgl. nun auch *F. Hahn,* Methodologische Überlegungen zur Rückfrage nach Jesus, in: *K. Kertelge* (Hrsg.), Rückfrage nach Jesus (QD 63) (Freiburg i.Br.) 11–77, hier 46: „Man kann ‚durchaus sagen, daß Jesu Verkündigung insgesamt durch die Rede in Gleichnissen geprägt ist, mehr noch: daß sein Wirken weithin gleichnishafte Züge trägt. Denn auch seine Handlungen, von den Heilungen angefangen über die Tischgemeinschaft bis hin zu seinem Abschiedsmahl, wollen als Gleichnishandlungen verstanden werden, Gleichnishandlungen nicht in dem Sinn, daß damit nur etwas veranschaulicht werden soll, sondern daß jene anbrechende und unmittelbar auf uns zukommende Wirklichkeit des eschatologischen Neuen sich gegenwärtig konkretisiert und mitten in dieser Welt zeichenhaft erfahren werden kann.“

[69] *G. Fohrer,* Die symbolischen Handlungen (s. Anm. 67) 17. – Es ist das Verdienst der Mainzer Antrittsvorlesung (12. 2. 1953) von *G. Stählin,* Die Gleichnishandlungen Jesu, in: Kosmos und Ekklesia (Festschr. für W. Stählin) (Kassel 1953) 9–22, auf das Phänomen betont hingewiesen zu haben. Seine „Vorstudie“ (22) erlangte aber keine breitere Beachtung, weil Stählin mit einem zu weiten Begriff von „Gleichnishandlung“ operierte. Er sieht richtig, daß „Jesu Tun ... eigentlich in allen wichtigen Stücken Bild für etwas jenseits davon und dar-

schen Erfüllungszeichen" Jesu adäquat erfaßt? Jesu Handlungen unterscheiden sich von den ōt der Propheten so sehr, wie seine eschatologische Ansage „Erfüllt ist die Zeit und nahe gekommen Gottes Basileia" (Mk 1, 15) mehr ist als alttestamentliche Prophetie. In den Zeichenhandlungen Jesu wird nicht eigentlich in drastischer Weise Zukunft prophezeit (und effektiv ins Werk gesetzt); in diesen Zeichenhandlungen wird vielmehr bereits alttestamentlich prophezeite Zukunft als nunmehr erfüllt angezeigt und angeboten. Das scheint der wesentliche Unterschied zu sein. In solcher Weise sind „eschatologische Erfüllungszeichen" mehr als prophetische Zeichenhandlungen[70], weil sie die bereits prophezeite Zukunft im Hier und Jetzt einbrechend ansagen und aktualisieren. In diesem „Mehr" scheint auch die Möglichkeit einer applizierenden Wiederholbarkeit begründet zu liegen, wie sie der Taufe und Jesu Abendmahlshandlung – im Unterschied zur prophetischen ōt – von Anfang an eignete.

Der qualitative Unterschied solcher Zeichenhandlungen zu den prophetischen Symbolhandlungen kann schon an der Johannestaufe illustriert werden. Auf Geheiß Gottes setzte er in einem Zeichen zusprechend und versprechend in Szene, was die Propheten für die letzte Zeit verheißen hatten: „Dann sprenge ich über euch reines Wasser, damit ihr gereinigt werdet" (Ez 36, 25; vgl. Sach 13, 1). Dabei muß man dieses In-Szene-Setzen als wirksamen Zu-

---

über Liegendes und doch gerade durch dieses Tun Hindurchleuchtendes ist", aber darum sind doch nicht alle Handlungen Jesu „bewußt als solche gestaltete Gleichnishandlungen" (14). Unter den Handlungen Jesu können nur solche in Betracht gezogen werden, „aus denen ein über das Einzelereignis hinausreichender tieferer oder allgemeingültiger Sinn abzulesen ist, um den Jesus wußte und auf den er hinzielte" (11). Man wird – hier G. Stählin korrigierend – aber nur die Handlungen Jesu unter die Gleichnishandlungen zählen dürfen, „in denen der tiefere und allgemeingültige Sinn" (11) (besser ebd. S. 20: „die im Dienste der Verkündigung der *eschata* stehen") die Primärfunktion ist. Das Wort Jesu (Lk 10, 23 f), Heilungen (Lk 10, 9) und Exorzismen (Lk 11, 20) sind zwar auch sehr reale Zeichen für die anbrechende Basileia, haben aber doch ihren primären Sinn in jener Verkündigung, im Heilen und Exorzisieren. Bei Gleichnishandlungen liegt das eigentlich Gemeinte (die „Sachhälfte") hinter der Handlung (die „Bildhälfte" ist), die primär ob ihres Darstellungsgehaltes, nicht um ihrer selbst willen gesetzt wird.

[70] Diesen Unterschied hat H. Patsch, a. a. O. (s. Anm. 24) 40–50, nicht genügend bedacht.

spruch der Vergebung Gottes verstehen und nicht nur als eine leere Zeichenhandlung. Hier kann deutlich werden, wie sehr bei eschatologischen Zeichenhandlungen – wie denen des Abendmahles Jesu – die Vorstellung unzureichend ist, es handle sich nur um „reine Gleichnishandlungen". Wenn analog Jesus mit Brot und Becher eine Heilsgabe bietet, prophezeit er nicht nur gleichnishaft das kommende eschatologische Mahl (und das Heil seines bevorstehenden Todes), sondern er verheißt es, indem er es zuspricht, es darreichend zeichenhaft-dynamisch appliziert.

Hier darf ergänzend eingeschoben werden: Die Effektivität, die bereits für die Zeichenhandlung des letzten Mahles Jesu angenommen werden muß, wird einen neuen tragenden Grund und eine neue Realitätsstufe bekommen beim urchristlichen Herrenmahl, wenn nach Ostern die Gegenwart des Kyrios das Brot zum „Brot des Herrn" (1 Kor 11,27) und den Weinbecher zum „Becher des Herrn" (1 Kor 10,21; 11,27) machen wird. Aber die höhere nachösterliche Qualität ist kein Grund, die Abendmahlshandlung Jesu „nur" zeichenhaft-uneffektiv zu deuten.

Letztlich sind alle Taten Jesu, die das Eschaton anzeigen und hereinbrechen lassen, zeichenhaft. Von „eschatologischen Zeichenhandlungen" Jesu aber sollte man nur dann reden, wenn ein bewußter Wille Jesu zur Zeichenhaftigkeit aufgewiesen werden kann. Ein solcher ist häufiger vermutet worden z.B. hinter der Konstituierung und Zusammensetzung des Jüngerkreises Jesu, hinter der Schaffung des Zwölferkreises, hinter den Mahlzeiten mit Sündern, der Wüstenspeisung, der Jüngeraussendung, dem Einzug in Jerusalem, der Tempelreinigung. Der Nachweis für derartige „eschatologische Erfüllungszeichen" im Leben Jesu wäre für unsere Frage nicht unwichtig, da die Abendmahlshandlungen Jesu überzeugender als eschatologische Erfüllungszeichen gedeutet werden können, wenn man solche auch sonst im Leben Jesu aufzeigen kann. Es muß hier auf Ausführungen an anderer Stelle verwiesen werden[71]. Dieser größere Rahmen des Gesamtverhal-

[71] *H. Schürmann,* Die Symbolhandlungen Jesu als eschatologische Erfüllungszeichen. Eine Rückfrage nach dem irdischen Jesus (1970), in: Das Geheimnis Jesu (Die Botschaft Gottes II, 28) (Leipzig 1972), 74–110. – Siehe auch o. im *1. Beitrag* (unter III).

tens Jesu kann aber zeigen, daß effektive Zeichenhandlungen, wie die Darbietungsgesten Jesu, sich durchaus aus der alttestamentlich-palästinensischen Tradition heraus verständlich machen lassen. Es besteht kein Grund, sie als im hellenistischen Raum zugewachsen zu erklären.
Zeichenhandlungen, legt diese Deutung nahe. Jesu Tod war

b) Jesu Abendmahlshandlung als „eschatologisches Erfüllungszeichen“

In den vorstehend genannten „eschatologischen Erfüllungszeichen“ Jesu wird gegen Ende – besonders beim Einzug in Jerusalem und der Tempelreinigung – zunehmend deutlich, wie Jesus seine eschatologische Verheißung durchhält angesichts des Todes, ja daß im Scheitern, im Tode sein Tun und seine eschatologische Ansage fast notwendig zeichenhaft werden. Die letzten Zeichen Jesu hatten etwas „Provokatorisches“ an sich, die die Festnahme fast erzwangen. Von solcher Todesentschlossenheit Jesu aus würde dann eine gerade Linie führen zu der Zeichenhandlung des letzten Abschiedsmahls, ja alle eschatologischen Erfüllungszeichen scheinen in dieser letzten Zeichenhandlung eigenartig zu kulminieren: Jesus gibt die eschatologische Verheißung in proexistenten Darbietungsgesten dem bevorstehenden Tode zum Trotz, wobei viel dafür spricht, daß sein Tod als ein sinnhaftes Geschehen im Ganzen dieser Verheißung und Zusage zu deuten ist.

Jesus verkündet die eschatologische Gnade Gottes seinem vorhergesehenen und gewollten Tode zum Trotz.

Tod und Eschaton werden also in den Abendmahlshandlungen Jesu eng zusammengedacht werden müssen, wie es die überlieferten Abendmahlsworte Jesu – wie wir sahen – auch eindeutig tun. Jesu Verhalten, sich besonders deutlich signalisierend in seinen Zeichenhandlungen, legt diese Deutung nahe. Jesu Tod – als Gottes Gericht über die Welt – das Ende der Geschichte, wurde darum aber zugleich die Öffnung derselben für die eschatologische Welt Gottes (vgl. Mk 15,33; Lk 23,45; Mt 27,51ff) [72].

---

[72] Vgl. *H. Urs v. Balthasar,* Zuerst Gottes Reich (Theologische Meditation 13).

Das bekundet sich in emphatischer Weise in dem „eschatologischen Erfüllungszeichen" des letzten Mahles Jesu. In dem Maße, in dem für Jesus die Hoffnung schwand, daß aufgrund der Bekehrung Israels die Basileia als Wirklichkeit machtvoll hereinbrechen könnte, wird seine Ansage emphatisch zeichenhaft: Die einmaligen und vergehenden Erfüllungszeichen kulminieren am Ende in der doppelten Zeichenhandlung seines Abschiedsmahles, die österlich bestätigt werden und bleiben sollte. So muß man sich damit abfinden, daß es als Realverkündigung eine Zeichenhandlung gibt, mit der „der Tod des Kyrios proklamiert wird, bis er kommt" (1 Kor 11,26). Und die Jüngergemeinde, die essend und trinkend dieses effektive Zeichen setzt, wird dabei und dadurch selbst zu einer abgehobenen zeichenhaften Wirklichkeit in der Welt, zu einem andauernden „Störfaktor", der auf die eschatologische Welt verweist und die „eschatologische Differenz" offenhält. Als „Zeichen für die Welt" ist sie aber nicht erst ein nachösterliches Phänomen, sosehr sie erst Kirche als Gemeinde der an den Kyrios Glaubenden, als Gemeinde im Heiligen Geist, ist: Auch als zeichenhafte Institution steht sie mit ihrem heiligen Mahl – bei aller Diskontinuität: es sei noch einmal betont – doch auch in Kontinuität zum Erdenleben Jesu und seinem eschatologischem Erfüllungszeichen, speziell zu denen seines Abschiedsmahles. Es gibt also eine „Kontinuität der Zeichen in der Diskontinuität der Zeiten", wenn man das bekannte Wort E. Käsemanns von der „Kontinuität des Evangeliums in der Diskontinuität der Zeiten" so abwandeln darf.

Wir *fassen zusammen:* Lebt die „Sache Jesu" im nachösterlichen Herrenmahl – und damit in unseren Abendmahlsfeiern – weiter? Wir haben in zwei Stufen Antwort zu geben versucht: (I.) Der Kern des urchristlichen Herrenmahls ist eine doppelte Zeichenhandlung Jesu, die grundlegend die Gestalt einer schenken-

---

(Einsiedeln 1956); *ders.* in: GuL 43 (1970), 175: „Die eucharistische Gebärde der Selbstverteilung Jesu an die Seinen und durch sie an die Welt ist eine endgültige, eschatologische und damit irreversible Gebärde."

den Darbietung hat. (II.) Die Ausdeutung dieser Zeichenhandlung Jesu im Lichte des Gesamtverhaltens und der Zentralbotschaft Jesu ließ erkennen: Jesu Verheißung des eschatologischen Heils kulminiert hier im Angesicht des Todes – und mittels seines Todes – in emphatischer Weise; sie kommt in den zeichenhaften Darbietungen dieser Abschiedsstunde auf ihren Höhepunkt. Das in seinem Tode für die Sünder hereinbrechende eschatologische Heil – das ist letztlich „die Sache Jesu“, die sich im letzten Abendmahl zeichenhaft aussprach, die im urchristlichen Herrenmahl nachösterlich in neuer Weise thematisch wurde und die auch in unseren kirchlichen Abendmahlsfeiern weiterlebt.

3 „*Das Gesetz des Christus*“ (*Gal 6,2*)

Jesu Verhalten und Wort als letztgültige sittliche Norm nach Paulus*

Paulus baut in theologischer Zusammenschau der sittlichen Forderungen einen Weisungstitel auf, den er „das Gesetz des Christus“ (Gal 6,2; vgl. 1 Kor 9,21) nennen kann. In diesem theologisch hochbefrachteten Terminus faßt er zusammen, was er – in Abhebung vom „Gesetz des Mose“ – als die maßgebliche[1] sittliche Forderung (und Gabe) erkennt. Wir wollen im folgenden (I.) den Gedanken des Paulus über die Verbindlichkeit von Jesu *Verhalten und Wort*[2] nachgehen, danach dann (II.) diese verpflich-

---

* Erstmalig veröffentlicht in: *J. Gnilka* (Hrsg.), Neues Testament und Kirche (Festschr. f. Rudolf Schnackenburg) (Freiburg i. Br. 1974) 282–300 (hier etwas ergänzt).

[1] Wir möchten uns hier nicht auf die Problematik des im Untertitel verwandten Norm-Begriffes einlassen; es soll nur zum Ausdruck gebracht werden, daß für Paulus Jesu Verhalten und Wort von maßgeblicher und letztgültiger universaler Verbindlichkeit für das sittliche Verhalten sind. – Zum Verständnis von „Norm“ vgl. etwa *J. Gründel* in: *J. Gründel – H. van Oyen*, Ethik ohne Normen? Zu den Weisungen des Evangeliums (Freiburg i.Br.–Basel–Wien 1970) 17–25. – Guter alter Tradition folgend, belieben die gängigen katholischen Nachschlagewerke einen Artikel „Norm“ nicht zu bringen; vgl. dagegen etwa *I. T. Ramsey*, Art. „Normen“, in: RGG IV ([3]1960) 1520ff (Lit.), auch–marxistisch–Art. „Norm“, in: *G. Klaus – M. Buhr* (Hrsg.), Philosophisches Wörterbuch II (Berlin-DDR [7]1970) 793–796. Die Begriffe des „Paradigmas“ oder des „ethischen Modells“ werden weder der literarischen Art noch einem hermeneutischen Verständnis der paulinischen „Weisungen“ gerecht, wie in einem eigenen Beitrag: „Haben die paulinischen Wertungen und Weisungen Modellcharakter?“ gezeigt werden soll (in Druckvorbereitung).

[2] Dabei darf freilich nicht vergessen werden, daß das Sein-in-Christus für die paulinische Ethik relevanter ist als jegliche äußere „Maßgeblichkeit“; s. u. unter II, 2b. – Darüber ist oft genug gehandelt worden: vgl. nur *O. Merk*, Handeln aus Glauben. Die Motivierungen der paulinischen Ethik (Marburg 1968), bes. 4–41: „Die Gottestat als Voraussetzung christlichen Seins und Handelns“; *G. Staffelbach*, Die Vereinigung mit Christus als Prinzip der Moral bei Paulus (FreibThSt

tende Mitte als *„das Gesetz des Christus“* sachlich – inhaltlich und formal – zu verstehen suchen.

I. JESU MASSGEBLICHES VERHALTEN UND WORT

Immer wieder hat es Staunen erregt, daß Paulus sich bei seinen Anweisungen so selten auf Herrenworte bezieht und deren Autorität für Weisungen ausdrücklich nur zweimal in Anspruch nimmt (s.u.), obgleich er die absolute Verbindlichkeit eines tradierten Herrenwortes doch 1 Kor 7,10 (12.25) grundsätzlich so sehr betont herausstellt. Offenbar verzichtet er auf solche Berufungen nicht darum, weil er den Kyrios im Pneuma noch immer aktuell sich offenbarend und weisend erfährt[3]. Der Hauptgrund ist vielmehr wohl der[4]: Paulus versteht die Worte Jesu im Lichte des von Gott dahingegebenen „Sohnes“, der gehorsam Mensch wurde und sich bis in die Tiefen des Todes gab (s. u.). Von diesem exemplarischen Verhalten des Sohnes her (2.) bekommen die tradierten Worte Jesu (1.) für Paulus letztlich erst ihre inhaltliche Deutung.

---

34) (Freiburg i.Br. 1937); *G. Schneider,* Biblische Begründung ethischer Normen, Kin: BuL 14 (1973) 153–164. Spezieller dann *N. Gäumann,* Taufe und Ethik. Studien zu Röm 6 (BeihEvTh 47) (München 1967); grundsätzlich: *J. Kraus,* Vorbildethik und Seinsethik im Neuen Testament, in: FreibZPhTh 13/14 (1966/67) 341–369; zusammenfassend *R. Schnackenburg,* Art. „Biblische Ethik“, II. NT, in: Sacramentum mundi I (1967), bes. Sp. 550.

[3] So z.B. *W. G. Kümmel,* Jesus und Paulus (1963/64), in: Heilsgeschehen und Geschichte. Gesammelte Aufsätze 1933–1964 (Marburg 1965) 84.

[4] *H.-W. Kuhn,* Der irdische Jesus bei Paulus als traditionsgeschichtliches und theologisches Problem, in: ZThK 67 (1970) 295–320, faßt das Problem nicht tief genug, wenn er das Fehlen aus der Auseinandersetzung mit Gegnern, die sich auf sie beriefen, erklären möchte. Vgl. dagegen *L. Goppelt,* Jesus und die „Haustafel“-Tradition, in: Orientierung an Jesus (Festschr. für J. Schmid) (Freiburg i.Br. 1973) 93–105, bes. 102f; zur Frage auch *E. Güttgemanns,* Der leidende Apostel und sein Herr (Göttingen 1966) (dort 351–372 Referat über ältere Arbeiten); *J. Blank,* Paulus und Jesus (StANT 18) (München 1968), bes. 304–326; *W. G. Kümmel,* Jesus (s. Anm. 3) 81–106 439–456.

a) *Ausdrücklich* bezieht sich Paulus auf die Autorität eines weisenden[5] Herrenwortes nur 1 Kor 9, 14 und 7, 10 (12.25). Es wird nicht Zufall sein, daß es sich in beiden Fällen um Regelungen handelt, die das Gemeindeleben „rechtlich" ordnen[6]. Wo es um Gemeindeordnung geht, bedarf es anscheinend in einem erhöhten Maße der ausdrücklichen Berufung auf eine Anweisung Jesu, wobei freilich die Weise, wie Paulus mit ihnen verfährt, Beachtung verdient (s. u.). Bei sittlichen Weisungen ist eine solche nicht so notwendig, da das sittliche Urteil sich schon am Verhalten Jesu eindeutig orientieren kann.

α) 1 Kor 9, 8 und 9, 13 beruft Paulus sich für das *Recht der Verkünder* auf Unterhalt auf die Tora (Dtn 25, 4; Num 18, 8.31; Dtn 18, 1 ff), danach dann auf die Weisung Jesu Lk 10, 7b = Mt 10, 10b (vgl. auch die Anspielung 2 Kor 11, 7). Wenn dann 1 Kor 9, 14 die Weisung Jesu neben eine solche der Tora gestellt ist[7], ist der autoritative Verbindlichkeitscharakter unterstrichen. Wenn der Hinweis auf das Wort Jesu dem auf die Tora steigernd nachgeordnet ist, ist dessen überbietender Weisungsanspruch herausgestellt – und das in einer Frage, die weniger sittlicher als gemeindeordnender Art ist: Paulus kennt offenbar nicht nur ein isoliert tradiertes Logion wie Lk 10, 7b = Mt 10, 10b, sondern dieses schon eingebettet in eine Art „Agende", eine Redekomposition an die zur Evangeliumsverkündigung ausgesandten Jünger.

Freilich sollte gesehen werden, daß Paulus hier ein Recht statuiert, von dem er sich gleichzeitig – um höherer sittlicher Forderungen willen – dispensiert weiß. Nachfolgende Jünger, wie in den Erdentagen Jesu, gibt es nicht mehr. Paulus versteht Jesu Wort – durchaus richtiger als vielleicht seine Gegner – für die nach-

---

[5] 1 Thess 4, 15 belehrt über das Schicksal der Verstorbenen und Überlebenden bei der Parusie. Vgl. sonst noch die Zitation der Abendmahlsworte in 1 Kor 11, 23–25.

[6] Das beobachtete schon *J. Weiß*, Das Urchristentum (Göttingen 1917) 118 431.

[7] Berufung auf die beiden Instanzen, „die Gottes Recht verkündeten"; so *A. Schlatter*, Paulus, der Bote Jesu (Stuttgart [2]1956) 273.

österliche Zeit als „Recht“ und „Erlaubnis“ (9,4f.12.18: ἐξουσία), nicht aber als verbindliche Anweisung.

β) 1 Kor 7,10 gibt Paulus das *Scheidungsverbot* ausdrücklich als Gebot (παραγγελία; V 25: ἐπιταγή) des Kyrios, damit deutlich als außerhalb jeglicher Diskussion stehend. Daneben kann seine eigene Weisung (7,12) immer nur ein „Meinen“ (γνώμη) sein (vgl. 7,25), freilich die Meinung jemandes, der das „Pneuma Gottes zu haben“ meint (7,40). Paulus kennt den Inhalt des nicht ausdrücklich zitierten Herrenwortes offenbar sehr genau, und zwar in seiner Frau[8] und Mann gleicherweise bindenden Form (vgl. Mk 10,11f). Obgleich Paulus das Herrenwort für absolut verbindlich hält, gibt er doch V 11 seinen Rat für den Fall, daß das Gebot bereits – so wird zu deuten sein – übertreten ist: In diesem Fall soll es in der Weise respektiert werden, daß keine Wiederheirat stattfindet. Paulus versteht das Herrenwort also deutlich nicht nur als Appell zur Ganzhingabe, sondern als echtes Erfüllungsgebot[9].

Die nicht ganz glücklich (s.u.) „paulinisches Privileg“ genannte paulinische Entscheidung 1 Kor 7,12–16 bringt in V 15 eigentlich keine Ausnahme vom Gesetz (tut das die Matthäus-Klausel Mt

---

[8] Daß er 1 Kor 7 an erster Stelle den Fall der Frau im Auge hat, wird in den Umständen bedingt sein.

[9] Ähnlich interpretiert das Logion Mk 10,11f parr mit seinem den Fall einer „Trennung“ für möglich haltenden Zusatz („und eine andere – einen anderen – heiratet“) schon das absolute Verbot von Mk 10,2–9: „Was ... Gott verbunden hat, soll der Mensch nicht trennen“ (V 9). Paulus kennt das Herrenwort vielleicht mit jener impliziten Möglichkeit. – Über die exegetische Frage, ob Jesus sein absolutes Scheidungsverbot „gesetzlich“ verstanden wissen wollte, und die weitere hermeneutische, ob wir heute konkret an die Interpretation der Urkirche (vgl. Mk 10,11f; 1 Kor 7,10.12–16; s. oben) gebunden sind, vergleiche die abwägende Bemerkung von *R. Schnackenburg,* Ehe nach dem Neuen Testament (1969), in: *R. Schnackenburg,* Schriften zum Neuen Testament (München 1971) 414–437, spez. 241f. – Zur Frage Ehe und Ehescheidung im NT vgl. aus der unübersehbaren Lit. die Angaben bei *R. Schnackenburg,* Die sittliche Botschaft des Neuen Testaments (Hdb. der Moraltheologie VI) (München ²1962) 194–204; ferner *ders.,* Die Ehe (s. ebd.) 214–237 (dort S. 234 weitere Lit.); *H. Baltensweiler,* Die Ehe im Neuen Testament (Zürich – Stuttgart 1967); vgl. ferner *K. H. Schelkle,* Theologie des Neuen Testaments, III. Ethos (Düsseldorf 1970) 125 241–265 (Lit.); *K. L. Haacker,* Ehescheidung und Wiederverheiratung im Neuen Testament, in: TübThQ 151 (1971) 28–38; *G. Schneider,* Jesu Wort über die Ehescheidung in der Überlieferung des Neuen Testaments, in: TThZ 80 (1971) 65–87.

5,32; 19,9?)[10], sondern eine die Umstände berücksichtigende großzügige Handhabung der Weisung Jesu, wobei Paulus V 12 aber ausdrücklich vermerkt, daß diese Handhabung des Herrenwortes in einer neu auftauchenden Situation nicht durch einen Logos des Kyrios gedeckt wird. Paulus konzediert – wo der ungläubige Mann darauf besteht – Trennung (und doch auch wohl Wiederverheiratung[11]), versteht das Gebot des Herrn also keineswegs „nomistisch" als keine Ausnahme zulassend, sondern als – freilich durchaus konkret gebietende, so wird man besser formulieren – „Weisung", die der Situation entsprechend approximativ forderungsgerecht erfüllt sein will. Ein juridisch verstandenes „Privileg" von einer geltenden Verpflichtung will Paulus nicht eigentlich statuieren; er handhabt eine Weisung den Umständen entsprechend möglichst sinngerecht.

b) *Anklänge* an Herrenworte begegnen bei Paulus – mehr oder weniger eindeutig[12] – häufiger, auch ein Hinweis, wie sehr er diese für maßgeblich angesehen hat. Wenn er sie – von den zwei vorstehenden Ausnahmen abgesehen – nicht ausdrücklich zitiert, sondern nur inhaltlich aufklingen läßt, beweist schon dieses Verfahren, daß er sie formal nicht rabbinisch „gesetzlich", als „Normen" verstanden hat.

Besonders erinnert man[13] – wenn nur die sittlichen Weisungen ins Auge gefaßt werden – an

---

[10] Das hält für unsicher auch wieder – im Gefolge von *J. Bonsirven* (πορνεία = illegitime Ehe) und *H. Baltensweiler,* Die Ehe (s. Anm. 9) – *R. Schnackenburg,* Die Ehe (s. Anm. 9) 419f; *ders.* zurückhaltender dann dort im „Nachwort" 433f aufgrund neuerer Arbeiten (s. ebd.): „kein sicheres Urteil" möglich. – Paulus verrät keine Kenntnis der matthäischen Klausel.

[11] Vielleicht muß das δεδούλωται (das freilich keineswegs mit δέδεται identisch sein muß) doch als Konzession einer Wiederverheiratung gedacht werden, nicht nur als Erlaubnis der Trennung, die ja schon das dem Paulus bekannte Herrenwort nach VV 10f konzedierte. Sonst wäre 7, 12–14 eigentlich gegenüber VV 10f nichts Neues gesagt, und der Hinweis „Ich, nicht der Herr" V 12 wäre nicht notwendig, ja unangebracht.

[12] An manchen dieser Stellen müßte freilich kritisch eindringlicher gefragt werden, ob die Gemeinsamkeiten zwischen Paulus und den synoptischen Logien nicht in beiden vorausliegenden paränetischen Traditionen des Judentums ihre Erkärung finden.

[13] Vgl. etwa *H. J. Holtzmann,* Lehrbuch der neutestamentlichen Theologie II

1 Thess 5,2 (vgl. Lk 12,39f par);
Gal 5,14 und Röm 13,8–10 (vgl. Mk 12,30f parr);
Gal 6,1 (vgl. Lk 17,3 par);
1 Kor 4,12; 6,7 und Röm 12,14.17.21 (vgl. Lk 6,27f);
1 Kor 8,12f; 16,17 (vgl. Mk 9,42 parr);
1 Kor 9,19 (vgl. Mk 10,44 parr);
1 Kor 13,2 (vgl. Mk 11,23 parr);
2 Kor 11,7 (vgl. Lk 14,11 parr);
Röm 2,1; 14,4.13.21 (vgl. Lk 6,37 par);
Röm 13,6f (vgl. Mk 12,17);
Röm 14,14.20 (vgl. Mk 7,15);
Röm 16,19 (vgl. Mt 10,16b).

Eine thematische Befragung dieser Stellen belehrt, daß Paulus von wenigen Ausnahmen abgesehen[14], sich auf Logien bezieht, die das Liebesgebot Jesu artikulieren: die Forderung des Dienstes (1 Kor 9,19) und der Selbsterniedrigung (2 Kor 11,7), der Nächstenliebe (Gal 5,14; Röm 13,8ff), der Feindesliebe (1 Kor 4,12; 6,7; Röm 12,14.17.21), Jesu Warnung vor Ärgernis (1 Kor 8,12f) und vor dem Richten (Röm 2,1; 14,4.13.21; 16,17). Es bedarf einer Erklärung, warum Paulus die Herrenworte so akzentuiert auf das Liebesgebot hin befragt. Die Antwort dürfte nicht fehlgehen: weil er Jesu Wort von der sich selbst erniedrigenden Liebe des Sohnes Gottes her interpretiert. Das müßte nun aufgewiesen werden.

(Tübingen ²1911); *W. Schrage,* Die konkreten Einzelgebote in der paulinischen Paränese (Gütersloh 1961) 243, Anm. 250; *J. P. Brown,* Synoptic Parallels in the Epistles and Form-History, in: NTS 10 (1963/64) 27–48; *J. Blank,* Paulus (s. Anm. 4) 304–326; *H.-W. Kuhn,* Der irdische Jesus (s. Anm. 4) 296; weitere Lit. bei *D. L. Dungan,* The Sayings of Jesus in the Churches of Paul (Philadelphia 1971) XXVIIIf, Anm. 4 (der selbst nur die beiden ausdrücklichen Zitate behandelt); *B. Fjärstedt,* Synoptic Tradition in 1 Corinthians. Themes and Clusters of Theme Words in 1 Corinthians 1–4 and 9 (Uppsala 1974); *R. Pesch – A. Zwergel,* Kontinuität in Jesus (Freiburg i. Br. 1974) 66, Anm. 174.

[14] Auf tradierten Herrenworten könnten eventuell (?) die folgenden Forderungen fußen: die des Glaubens (1 Kor 13,2), der Stetsbereitschaft (1 Thess 5,2) und der Klugheit (Röm 16,19), Worte gegen die levitische Reinheit (Röm 14,14.20), Hinweise auf die Steuerpflicht (Röm 13,6f), das Unterhaltsrecht (2 Kor 11,7).

2. *Jesu Verhalten als Vorbild und Maßstab sittlichen Verhaltens*

Paulus sieht die ihm tradierten Herrenworte im Kontext des Verhaltens Jesu. Das Verhalten des präexistenten „Sohnes Gottes" (Röm 1,3; vgl. Kol 1,15ff), der seine Liebe in Menschwerdung und Kreuzestod zeigte, aber auch sein Verhalten im Erdenleben sind für Paulus maßgeblich für das sittliche Leben der Gläubigen[15].

a) Die Weisungen des irdischen Jesus stehen für Paulus im Kontext der Vorbildlichkeit und damit der Nachahmungsforderung[16], die sich vom Verhalten des *präexistenten Gottessohnes her* stellt.

Die Mahnungen Phil 2,1–4 – besonders die Forderung der Tapeinosis V 3 – werden motiviert in 2,5: „Das sinnet untereinander, was (sich) auch in Christus Jesus (schickt)"[17]. Dessen Verhalten aber war nach Phil 2,6ff die Kenosis und Tapeinosis dessen,

---

[15] Vgl. *G. Delling,* Der Kreuzestod Jesu in der urchristlichen Verkündigung (Berlin 1971) bes. 36–45: Jesu Kreuzestod in der Paränese. – Siehe auch – über Paulus hinaus – *K. H. Schelkle,* Theologie (s. Anm. 9) 50–55: „Wort und Beispiel Christi". – Vgl. *F. Böckle,* Das Naturrecht im Disput (Düsseldorf 1966) 142: „Wer wissen will, was Liebe ist, muß hinblicken auf das Beispiel des Herrn." Vgl. *A. Grabner-Haider,* Zur Geschichtlichkeit der Moral, in: Cath 22 (1968) 262–270, spez. 266: „Jesus Christus (ist) in seinem Leben, Sterben und Auferstehen, in seiner Liebe also, die einzige (?) Richtlinie der Paraklese." Vgl. auch unten Anm. 37, ferner *W. D. Davies,* Die Bergpredigt (engl. 1966) (München 1970) 135. „Obgleich ... die Worte Jesu für Paulus von Bedeutung sind, zielt der Hinweis auf Jesus doch in erster Linie auf das Teilhaben an seinem Leben der Selbsthingabe" – und darin auf die Nachahmung desselben, darf man ergänzen; s. auch unten Anm. 18.

[16] Vgl. dazu *A. Schulz,* Nachfolgen und Nachahmen (StANT 6) (München 1962), bes. 270–289; *H. D. Betz,* Nachfolge und Nachahmung Jesu Christi im Neuen Testament (BHTh 37) (Tübingen 1967); *R. Schnackenburg,* Nachfolge Christi, in: Christliche Existenz nach dem Neuen Testament I (München 1967) 87–108, bes. 102ff; vgl. systematisch *J. Kraus,* Vorbildethik (s. Anm. 2); ferner *J. Moltmann,* Der gekreuzigte Gott (München 1972) 55–66. Ältere Lit. bei *E. Larsson,* Christus als Vorbild (Uppsala 1962) 9, Anm. 3.

[17] Die „exemplarische" Interpretation darf dem Kontext nach nicht unter den Tisch fallen – *E. Käsemann,* Kritische Analyse von Phil 2,5–11 (1950), in: Exeget. Versuche und Besinnungen I (Göttingen [4]1965) 51–95, hatte hier sein Veto aufgerichtet –, auch wenn man das doppelte ἐν der obigen Übersetzung entsprechend interpretiert: „Weil sie in Christus sind, deswegen wird ihnen ein entsprechendes Verhalten zu den Brüdern abverlangt", so *J. Gnilka,* Der Philipperbrief (HThK

dem präexistent die Gottesgestalt eignete: der sich „selbst entleert“ und „erniedrigt“ hat in das menschliche Dasein hinein, „gehorsam“ bis in die Todestiefe des Kreuzes. Dieses Verhalten „unseres Herrn Jesus Christus“ hat sich nach 2 Kor 8,9 in „Gnade“, d.h. in schenkende Liebe umgesetzt, seine „tiefe Armut in den Reichtum (seiner) Güte“ (vgl. 2 Kor 8,2). Denn „obschon er reich war, wurde er um euretwillen arm, damit ihr durch seine Armut reich würdet“ (2 Kor 8,9). Röm 5,6ff und Gal 2,20 ist die „schwach werdende“ und „sich selbst hingebende“ Liebe Christi dann ausdrücklich genannt. Weil er „uns angenommen hat“, sollen auch wir „einander annehmen“ (Röm 15,7). „Wie der Kyrios euch vergeben hat, so auch ihr“ (Kol 3,13). Weil in Christus das Ja zu der Verheißung Gottes gegeben ist, ist auch das Wort des Apostels nicht ein Ja und ein Nein zugleich (2 Kor 1,18; vgl. 2 Kor 11,10). 2 Kor 5,14f ist Paulus bestimmt durch das Motiv der „Liebe Christi“, der „für alle gestorben“ ist (vgl. auch 1 Kor 11,1). Der nicht „sich selbst zu Gefallen lebte“ (Röm 15,3), soll auch den „Starken“ in der Gemeinde ein Vorbild sein (vgl. 14,1–15,13); der „für den Bruder gestorben“ ist, soll auch christliche „Gnostiker“ zur Rücksichtnahme veranlassen (1 Kor 8,11). Eph 5,2 (vgl. 5,25) wird der paulinische Gedanke so formuliert: Wir sollen einander lieben, „wie Christus uns geliebt hat und sich selbst hingegeben hat für uns...“ Auch die „Schwachheit“ der apostolischen Existenz hat ihr Vorbild (und ihren Grund!) in der „Schwachheit“ Christi (2 Kor 13,4): Paulus trägt das „Sterben Jesu“ an seinem Leibe herum (2 Kor 4,10), die „Stigmata Jesu“ (Gal 6,17), die „Christusleiden“ (2 Kor 1,5), im Mitleiden mit Christus (Röm 8,17), in seinem täglichen „Sterben“ (1 Kor 15,31; Röm 8,36)[18].

b) Mit dem Blick, mit dem Paulus die sich entäußernde Liebe des präexistenten Gottessohnes gesehen hat, sieht er auch dessen

X/3) (Freiburg i. Br. 1968) z. St. (Lit. zur Auslegung). Man muß verdeutlichen: „...wird ihnen *das dem Verhalten Christi entsprechende* Verhalten abverlangt“.

[18] Vgl. *A. Schulz,* Leidenstheologie und Vorbildethik in den paulinischen Hauptbriefen, in: Neutestamentliche Beiträge (Festschr. J. Schmid) (Regensburg 1963) 265–269.

Erdenleben[19] – wobei dieses „Erdenleben“ immer das des präexistenten Gottessohnes bleibt. Auf das Kreuz Christi schauend, kann Paulus sagen: „Zu Gefallen soll jeder aus uns dem Nächsten sein für das Gute zur Erbauung. Denn auch Christus war nicht sich selbst zu Gefallen, vielmehr wie geschrieben steht: Die Schmähungen derer, die dich schmähten, sind auf mich gefallen“ (Röm 15, 2f; vgl. 1 Kor 8, 11). Solche Mahnung ergeht „um der Sanftmut und Milde Christi willen“ (2 Kor 10, 1)[20]. Phil 2, 8 und Röm 5, 19 muß ebenfalls an den „Gehorsam“ des irdischen Jesus gedacht werden[21]. Paulus hat also – im Lichte seines christologischen Vorwissens – eine sehr charakteristische, wesentlich vom Kreuz her geprägte Vorstellung vom „Leben Jesu“, so daß er sich auch diesbezüglich zur „Nachahmung Jesu“ (1 Thess 1, 6; 1 Kor 11, 1) verpflichtet weiß. Wenn Paulus das Verhalten des irdischen Jesus so versteht, wird es verständlich, warum er die Herrenworte akzentuiert als Liebesforderung aufnehmen muß.

Das Herrenwort und noch mehr das zur Nachahmung auffordernde Verhalten des Sohnes Gottes sind also letzter Maßstab des sittlichen Verhaltens, wobei Paulus in der Paränese der Hinweis auf das Verhalten Jesu offensichtlich wichtiger gewesen ist als die Zitierung von Herrenworten. Inhaltlich interpretiert Paulus, wie wir sahen, das Wort Jesu im Lichte seines Verhaltens und beides sehr akzentuiert auf die Liebesforderung hin. Das Liebesgebot aber bekommt seine Proprietät und seine sich selbst überschlagende Radikalität von dem sich selbst entäußernden Verhalten des Sohnes her. Wir werden uns nicht wundern, wenn wir gerade die Liebesforderung in – dieser ihrer Eigenart! – wiederfinden, wenn wir nun unsere Aufmerksamkeit dem zuwenden, was Paulus „das Gesetz des Christus“ zu nennen wagt.

---

[19] Das ist gegenüber einer gegenteiligen Tendenz der Forschung – vgl. nur *R. Bultmann,* Theologie des Neuen Testaments (Tübingen [5]1965) 185; *W. Schrage,* Die konkreten Einzelgebote (s. Anm. 13) 239ff 246 – zu betonen; vgl. richtig *W. G. Kümmel,* Jesus (s. Anm. 3) 86f 451, im Anschluß an *C. H. Dodd.*

[20] Freilich kann man zweifeln, ob hier nicht herrscherliche Verhaltensweisen des Kyrios vor Augen stehen; vgl. *H. Preisker,* in: ThWb II (1935) 585.

[21] Auch sonst kann man den doppelten Aspekt in den oben aufgeführten paulinischen Aussagen nicht säuberlich trennen.

II. JESU VERHALTEN UND WORT ALS „DAS GESETZ DES CHRISTUS“

Die Wortbildung „das Gesetz des Christus“ (Gal 6,2) besagt etwas Doppeltes: Formal wird der Weisung Jesu die denkbar höchste Autorität zugesprochen; inhaltlich wird sie betont abgesetzt von der Tora des Mose. Es gilt also die formale und inhaltliche Verbindlichkeit der Weisungen Jesu mit Paulus zu bedenken. Zunächst soll (1.) gefragt werden, was Paulus inhaltlich als „das Gesetz des Christus“ gefordert sieht, bevor dann (2.) diese Forderung formal auf ihren Forderungscharakter hin bedacht wird.

1. Die inhaltliche Forderung des „Christusgesetzes“

Für Paulus ist „das Gesetz des Christus“ – wie schon die Darlegungen unter I. nahelegen – inhaltlich die Forderung der vom Verhalten und Wort Jesu her charakterisierten Nächstenliebe: Das Gesetz Christi wird „erfüllt“, wenn man „einander die Lasten trägt“ (Gal 6,2).

a) Das macht der *unmittelbare Kontext* von Gal 6,2 noch deutlicher: Der „Wandel kraft des Geistes“ (5,25) verträgt sich nicht mit eitler Geltungssucht (5,25, vgl. 6,3ff), die Phil 2,3 der ταπεινοφροσύνη (Christi; vgl. 2,6–9) entgegen ist – hier wie dort ein provozierendes Verhalten, das die Liebe und die Einheit verletzt –, ebenso wie der „Neid“. „Geistliche“ Menschen vermögen „im Geiste der Sanftmut“ (vgl. 5,23), um die eigene Gefährdung wissend (6,1; vgl. 6,3ff), fürsorgliche correctio fraterna zu üben. In solcher Weise trägt einer „die Lasten des anderen“ (6,2) in Geduld (vgl. Röm 15,1.4f), die eigene Bürde kennend (6,5), wobei freilich der Gedanke über die konkreten Belastungen in den galatischen Gemeinden hinaus wohl grundsätzlich auf alles geht, was immer Brüder „belastet“.

Wo es aber wie hier vornehmlich um das Tragen der (Sünden-) Last geht, wandert der Gedanke leicht zu „Christus“, der „nicht sich selbst zu Gefallen gelebt hat“, auf den vielmehr nach Ps 68,10

LXX die „Schmähungen gefallen" sind (Röm 15, 3). So kann auch Gal 6, 2 der innere Blick des Paulus beim Ebed Jahwe weilen, der nach Jes 53, 12 „unter die Gesetzlosen gezählt wurde" und „die Sünden der vielen trug", nach Jes 53, 3f „verachtet" wurde und „unsere Sünden trägt"[22]. Wenn Röm 15, 1 die „Schwachheiten" der Brüder getragen werden sollen (βαστάζειν) und das dann V. 3 mit Ps 69, 10 christologisch motiviert wird, legt diese „bildhafte Beschreibung des Verhaltens, das den Gottesknecht charakterisiert"[23], für Gal 6, 2 vielleicht auch den gleichen Hintergrund nahe: „Für Gal 6, 2 kann man wenigstens fragen, ob das Gesetz Christi nicht das durch den Gekreuzigten in seinem Tragen unserer Last erfüllte Gesetz der Liebe ist."[24] Diese Vermutung legt sich nicht nur vom unmittelbaren Kontext von Gal 6, 2 her nahe; bei solcher Auslegung würde man auch die charakteristische Färbung der Liebesforderung bei Paulus (s. o. unter I, 1b und unten unter II, 1b), die realistisch mehr das eigene Zurücktreten, das Ertragen und Mittragen betont, im Blick auf das sich entleerende und erniedrigende Verhalten Jesu (s. o. unter I, 2) besser verstehen. „Die Natur ... der *agape*" ist uns „durch die reine, unendliche Selbsthingabe im Beispiel Jesu" offenbart worden. „Das ‚Du sollst deinen Nächsten lieben wie dich selbst' ist das Gebot des neuen Mose, des Messias, dessen Norm Leben und Wort Jesu selbst ist."[25]

---

[22] Freilich schreiben die LXX 53, 12 ἀνήνεγκε (Aq Sym Theod v. l.) und 53, 4 φέρει. Jes 53, 11 aber schreiben 86 Chry Theod βαστάσει. – Mt 8, 17 steht M näher als LXX: „Er hat unsere Schwachheiten (vgl. Röm 15, 1) genommen und die Krankheiten getragen (ἐβάστασεν); vgl. dazu *K. Stendahl*, The School of St. Matthew and its Use of the Old Testament (Kopenhagen [repr.] ²1969) 106f. So ist es nicht zu beweisen, aber auch nicht gerade unwahrscheinlich, daß Paulus hier den Jes-Text in einer von LXX abweichenden Fassung – wie auch sehr oft sonst – im Ohr hat und Jesus als den Ebed vor Augen, den es nachzuahmen gilt.

[23] *O. Michel*, Der Brief an die Römer (Göttingen ⁴1966) 354, verweist in Anm. 3 auf den Wortlaut von Jes 53, 4 und auf Mt 8, 17; vgl. auch *H. W. Schmidt*, Der Brief des Paulus an die Römer (ThHk 6) (Berlin 1962) 237.

[24] *G. Delling*, Der Kreuzestod Jesu (s. Anm. 15) 43. Anders *W. Schrage*, Die konkreten Einzelgebote (s. Anm. 13) 99; *O. Merk*, Handeln aus Glauben (s. Anm. 2) 77; *A. van Dülmen*, Die Theologie des Gesetzes bei Paulus (StBM5) (Stuttgart 1968) 67, Anm. 151.

[25] Vgl. *Davies*, Die Bergpredigt (s. Anm. 15) S. 164.

b) Im Lichte *anderer paulinischer Aussagen* bestätigt sich, daß Paulus „das Gesetz des Christus" Gal 6,2 – in Antithese zum „Gesetz des Mose" und in Neufassung desselben – speziell auf die Liebesforderung hin konzentriert und intentionalisiert:

α) Im „Gesetz des Christus" ist die Tora des Mose auf das Liebesgebot[26] hin *konzentriert*[26a]: Paulus selbst macht sich als ἔννομος Χριστοῦ (1 Kor 9,21) zum „Knecht aller" (1 Kor 9,1.19), welches Verhalten er auch zu allgemeiner Forderung erhebt: Durch die Liebe „werde einer des anderen Knecht" (Gal 5,13). „Niemand suche das Seine, sondern das des anderen" (1 Kor 10,23f). „Bleibt niemand etwas schuldig außer der gegenseitigen Liebe" (Röm 13,8). Dem Nächsten „gefallen" (1 Kor 10,33; 15,2), das „Erbauen" (1 Kor 8,1; 10,23 u.o.) ist Aufgabe schlechthin. Alles soll „in Liebe" geschehen (1 Kor 16,14). „Der Liebe nach wandeln" (Röm 14,15) ist die entscheidende Forderung. Nachdem die Freiheit von der Tora erlangt ist, bleibt Maßstab des Handelns der „Nutzen" (1 Kor 6,12; 10,23). Die Liebe ist eben – s. u. – die „Erfüllung" des Gesetzes (Gal 5,14; vgl. Röm 13,8–10).

β) Daß die Liebe das Gesetz erfüllt, gilt *„intentional"*. Zwar soll die Liebe das ganze Verhalten formieren; aber sie saugt die anderen Gebote nicht auf[27]. Die Liebe selbst äußert sich in unter-

---

[26] Vgl. dazu *S. Lyonnet*, Die „Moral" des hl. Paulus, in: Bibel und Liturgie 23 (1955/56) 89–95; *J. Moffatt*, Love in the New Testament (London 1959); *C. Spicq*, Agapè dans le Nouveau Testament: Analyse des Textes (ÉB) I–III (Paris 1958/59); *J. Coppens*, La doctrine biblique sur l'amour de Dieu et du prochain, in: EThL 40 (1964) 252–299; *H. Schlier*, Nun aber bleiben diese Drei (Einsiedeln 1971) 67f; *V. P. Furnish*, The Love Command in the New Testament (Nashville – New York 1972); *G. Schneider*, Nächstenliebe (s. u. Anm. 46) 257–275; vgl. ferner die Lit. bei *K. H. Schelkle*, Theologie (s. Anm. 9) 125; *A. Nissen*, Gott und der Nächste im antiken Judentum (WUNT 15) (Tübingen 1974).

[26a] Vgl. *J. Eckert*, Die urchristliche Verkündigung im Streit zwischen Paulus und seinen Gegnern nach dem Galaterbrief (Bibl. Untersuchungen 6) (Regensburg 1971) 156–162: „Das Gesetz des Christus".

[27] Die Forderung der Liebe genügt nicht; vgl. dazu unsern o. in Anm. 1 genannten Beitrag (unter II, 2), ferner das Referat zur Frage von *W. Schrage*, Die konkreten Einzelgebote (s. Anm. 13) 9–12 271; vgl. ferner *H. D. Wendland*, Ethik des Neuen Testaments (NTD, Erg.-Bd. 4) (Göttingen 1970) 63; *K. H. Schelkle*, Theologie (s. Anm. 15) 38f; *H. van Oyen*, „New Morality" und christliche Ethik, in: ZevE

schiedlichen Verhaltensweisen und Tugenden, die selbst nicht mit ihr voll identisch sind, vgl. nur 1 Kor 13,4–7; 2 Kor 8,7–11; Röm 12,9f; Kol 3,12–15. Die Liebe ist zwar die höchste aller Gnadengaben (1 Kor 12,31; vgl. 13,13), die „Erinnerung" an die „Wege in Christus Jesus" (1 Kor 4,17) kann aber auch noch andere konkrete Forderungen vorstellen.

2. *Der formale Forderungscharakter des „Christusgesetzes"*

Der Terminus „das Gesetz des Christus" unterstreicht aber auch den formalen Forderungscharakter, die absolute Verbindlichkeit, die von Christi Wort und Verhalten ausgeht.

a) Vielleicht (?) ist Paulus bei dieser Wortbildung abhängig von einem jüdischen Terminus wie „die Tora des Messias"[28]. Man erwartete hier und da, der Messias würde ein neues Tora-Verständnis bringen[29]. Wie dem auch gewesen sein mag: jedenfalls

---

11 (1967) 34–42. Vgl. auch *J. Fuchs,* Der Absolutheitscharakter sittlicher Handlungsnormen, in: Testimonium Veritatis (FrankfThSt 7) (Frankfurt a. M. 1971) 211–240, hier 211: „Unter der Dynamik von Glaube und Liebe ist der Christ daran interessiert, nicht nur, daß er in Glaube und Liebe lebe, sondern auch, daß er dies tue in einem Lebensvollzug, der „christlichem Menschsein' gemäß ist. So hängen Glaube, Liebe und Heil nicht von der Richtigkeit der Lebensnormen, die dem Lebensvollzug zugrunde liegen, ab; jedoch sind Glaube und Liebe nicht echt, wenn sie sich nicht darum mühen, sich durch einen Lebensvollzug in ‚richtiger', d.h. der menschlich-christlichen Seinswirklichkeit entsprechender Lebensweise zu äußern."

[28] Vgl. Midr. Qoh 11,8 (52a) bei *Billerbeck* III, 577, dem „der Terminus ... nur einmal begegnet" ist. – Nicht nur diese Gegenüberstellung, sondern auch schon die Gewichtigkeit des Terminus legen es nahe, „Christus" nicht nur als Name zu verstehen; die Übersetzung „das Gesetz *des* Christus" legt sich nahe.

[29] So – anfechtbar – *H. J. Schoeps,* Paulus. Die Theologie des Apostels im Lichte der jüdischen Religionsgeschichte (Tübingen 1959) 179. – *W. D. Davies,* vgl. schon: Torah in the Messianic Age and/or the Age to Come (Nashville 1952); *ders.,* The Setting of the Sermon on the Mount (Cambridge 1964); *ders.,* Die Bergpredigt (s. Anm. 15) 45–78, bes. 71–78, prüfte das überlieferte Material kritisch: „Die Stellen, die wir herangezogen haben, rechtfertigen die Ansicht, daß in einigen rabbinischen Kreisen der Messias eine lehrende Funktion hatte." (76) Es „tauchte der Begriff ‚neue Tora' im Judentum auf und mag bereits im ersten Jahrhundert des pharisäischen Judentums aufgetaucht sein" (77). Vgl. auch *Billerbeck* IV, 1–3: „Der Messias der alten Synagoge als Ausleger der Tora", und *U. Kellermann,* Messias und Gesetz (BSt 61) (Neukirchen – Vluyn 1961).

setzt Paulus die Forderung Jesu mit der Formulierung „das Gesetz des Christus" formal und inhaltlich – besonders im Kontext des Galaterbriefes – *an die Stelle*[30] *des „Gesetzes des Mose"* (1 Kor 9,9).

α) Von „Gesetz" (des Christus) muß hier – das ist grundlegend festzustellen – schon *in eigentlichem Sinn* die Rede sein. Auch eine antithetische Formulierung basiert noch auf einer Gemeinsamkeit. Außerdem klingt die Formulierung hier im paränetischen Teil des Galaterbriefes zu allgemeingültig, als daß sie nur aus der Polemik der Situation erklärt werden könnte. So muß schon nach dem inneren Grund für die Übernahme der Gesetzesterminologie gefragt werden. Als Erklärungsgrund bietet sich an: „Das ganze Gesetz kommt zur Erfüllung in dem einen Wort: Du sollst deinen Nächsten lieben wie dich selbst" (Gal 5,14); in der Liebesforderung wird die Tora „zusammengefaßt" (Röm 13,9). Daß schon die jüdische Theologie in der Gottes- und Nächstenliebe in solcher Weise die Mitte des Gesetzes sehen konnte[30a], mag mitgeholfen haben, daß Paulus die Mose-Tora auf die Liebesforderung hin konzentriert und intentionalisiert; wahrscheinlicher ist aber die andere Annahme: Das Wissen, daß die Liebe die Forderung Jesu schlechthin war (s. o. unter I, 1b und II, 1), half, die Tora intentional als von der Nächstenliebe redend zu interpretieren und von daher als verbindliche Forderung (s. o. unter I, 2), als „Gesetz" zu interpretieren.

β) Wenn auch die Eigentlichkeit des Sprechens von „Gesetz" gesehen werden muß, muß doch zugleich die *Paradoxität* solcher Redeweise betont werden. Ein auf die Liebe hin konzentriertes und intentionalisiertes Gesetz ist doch nur noch in paradoxer Weise „Gesetz". Es handelt sich also „nicht nur um eine Auslegung der Tora, sondern um ein im Prinzip durch Christus erneuertes Gesetz"[31]; die Mose-Tora ist „messianisch" umgeschmolzen

---

[30] Vgl. *J. Eckert,* Verkündigung (s. Anm. 26a) 160f – mit mehrfacher Berufung auf R. Schnackenburg.

[30a] Siehe Belege in dem in Anm. 46 genannten Beitrag von *G. Schneider.*

[31] So *H. Schlier,* Der Brief an die Galater (Göttingen [12]1962) 272.

zu einem neuen Weisungstitel, den man nur noch paradox[32] „Gesetz" nennen kann[33]. Das wird besonders deutlich, wenn man beim „Gesetz des Christus" nicht nur an das gebietende „Wort" Jesu denken darf: Nach allem, was oben (unter I, 2) gesagt wurde – und der Kontext von Gal 6,2 (s. o. unter II, 1a) läßt diese Deutung zu –, wird man geneigt sein, zumindest auch an die „Gesetzlichkeit" zu denken, die das Verhalten des Sohnes Gottes geprägt hat, nicht nur an das ausdrückliche Liebesgebot seiner Erdentage. Das sich selbst entleerende und erniedrigende Verhalten des Sohnes Gottes sprengt zutiefst aber alle Gesetzlichkeit.

b) Es kann nicht übersehen werden, daß – im Kontext von Gal 6,2! – die Nächstenliebe von Gal 5,14 in 5,16.25 als „Wandel im Geist", „Leben im Geist", in 5,18 als ein „Vom Geist Getriebenwerden" beschrieben wird, was bewirkt, daß man nicht mehr „unter dem Gesetz ist" (5,18). 5,22 wird als „Frucht des Geistes" geschildert, was 6,1 ff Forderung des „Gesetzes des Christus" ist. So basiert – so wird man formulieren dürfen – die paradoxe Sprechweise vom „Gesetz des Christus" letztlich doch fundamental auf einer *analogen Sprechweise,* wie sie Röm 8,2ff (vgl. auch 2 Kor 3,6) vorliegt: Im „Gesetz des Lebensgeistes"[34] tritt der „Geist des Lebens" entgegen, freilich als erneuertes „Gesetz"[34a]. Sosehr „das Gesetz des Christus" primär ein äußerer Weisungstitel ist – es ist für Paulus nicht nur das: „Das Gesetz des Christus" trifft ja doch immer auf den, der schon ein ἔννομος Χριστοῦ

---

[32] *P. Bläser,* Das Gesetz bei Paulus (NTA XIX/1–2) (Münster 1941), bes. S. 235–243; *J. Eckert,* Verkündigung (s. Anm. 26a), bes. S. 156–162.

[33] Johannes versteht „eigentlicher", wenn er von dem „neuen Gebot" Joh 13,34 (1 Joh 2,7f.10; 3,11.23; 4,10.19; 15,1.3; 2 Joh 5) redet. Barn 2,6 kombiniert vielleicht Joh mit Paulus: „Das neue Gesetz unseres Kyrios Jesus Christus" – wobei das Verständnis noch nomistischer wird.

[34] Wieder anders Röm 3,27: „das Gesetz des Glaubens"; vgl. *G. Friedrich,* Das Gesetz des Glaubens, Röm 3,27, in: ThZ 10 (1954) 401–417; *P. Stuhlmacher,* „Das Ende des Gesetzes", in: ZThK 67 (1970) 14–39: „von Paulus provozierend so genannt" (35).

[34a] *E. Lohse,* ὁ νόμος τοῦ πνεύματος τῆς ζωῆς. Exegetische Anmerkungen zu Röm 8,2, in: Neues Testament und christliche Existenz (Festschr. für H. Braun) (Tübingen 1973) 279–287.

(1 Kor 9,21)[35] ist, ein „Gottbelehrter" (1 Thess 4,9) in Erfüllung von Verheißungen wie Jer 31,31 ff und Ez 36,26 f[36]. Es darf nicht vergessen werden, daß das „Gesetz des Christus" etwas fordert, was „Frucht des Geistes" ist (Gal 5,22; vgl. Kol 1,8), der „die Liebe Gottes (zu uns) in unsere Herzen ausgießt" (Röm 5,5). Die Liebe, die primär Geistesgabe ist, ja das Charisma aller Charismen schlechthin (1 Kor 12,31; vgl. 13,8–13), bleibt bei alledem aber – trotz aller „Innerung" im Geiste – durchaus äußeres Gebot. „Das Gesetz des Christus" ist jedenfalls Gal 6,2 als solches zunächst ein äußerer Weisungstitel, der „die Mitte" der christlichen Forderung meint: Jesu vorbildliches Verhalten und Wort als äußere „Norm" – freilich auch als innere Gabe zugleich[37]; denn der Kontext von Gal 6,2 sowie die Gesamttheologie des Paulus zeigen, daß dieses „Gesetz des Christus" doch immer auch das vom erhöhten Herrn pneumatisch er-innernd und ver-innerlichend eingestiftete „Gesetz" ist.

Mit der Wortbildung „das Gesetz des Christus" ist es Paulus gelungen, in großer Prägnanz das Sittlich-Geforderte auf eine „Kurzformel" zu bringen, die zugleich die alttestamentlichen Weisungen auf das Liebesgebot konzentriert und intentionalisiert, dieselben so adaptierend. Das Gebot der Nächstenliebe ist dabei aber grundlegend nicht alttestamentlich verstanden, sondern von der Forderung der Herrenworte und tiefer noch vom Verhalten Jesu her radikalisiert, der in seiner Kenosis und Tapeinosis demonstriert hat, was sich selbst aufgebende und herabsteigende Liebe ist. Die Liebe der Selbstaufgabe und Selbsterniedrigung Christi ist nach Paulus letzte Norm und Kraftquelle sittlichen Verhaltens; alles sittliche Tun muß sich dort sein Maß und seine Kraft

---

[35] Vgl. *C. H. Dodd*, ΕΝΝΟΜΟΣ ΧΡΙΣΤΟΥ, in: Studia Paulina (in honorem J. de Zwaan) (Haarlem 1953) 96–110.

[36] Vgl. näherhin unsern Beitrag: Die Gemeinde des Neuen Bundes als der Quellort des sittlichen Erkennens nach Paulus, in: Cath 26 (1972) 15–37, bes. 15–19.

[37] Vgl. *J. Gründel*, Ethik (s. Anm. 1) 79: „Was ... den Inhalt einer auf den Glauben gründenden Liebe betrifft, so besitzt der Christ am Beispiel des Herrn und seiner heilsbedeutenden Liebeshingabe am Kreuz Vorbild und Maßstab, aber auch den eigentümlichen Ursprung (im Sinne der Gnadenquelle) der von ihm eingeforderten Liebe." Vgl. auch schon oben Anm. 15.

holen. „Es ist die Tora des Herrn, die er selbst gelebt hat, nun Leben schaffend zum Zuge bringt und deren Erfüllung er darum fordern kann.“[38]

*

Nach den vorstehenden Darlegungen legt sich *abschließend* nun in neuer Weise die heute viel erörterte Frage nahe, ob es eine christliche Ethik mit spezifisch christlichen *Gehalten* gibt. Dabei sollte die Frage nach dem inhaltlich Spezifischen und der formalen Proprietät christlicher Ethik stärker auseinandergehalten werden[39], als das landläufig geschieht. Es gibt unverkennbar ein „Proprium“[40] des sittlichen Verhaltens der Christen (und der christlichen Ethik). Im ganzen ist – darüber besteht Einmütigkeit – das sittliche Gesamtverhalten der Christen (und das System einer christlichen Ethik) unverkennbar anders gefärbt als das Gesamtverhalten von Nichtchristen (und als alle außerchristlichen – innerweltlichen oder transzendental ausgerichteten – ethischen Systeme). Die heute intensiv gestellte Frage zielt aber darüber hinaus auf spezifisch christliche ethische *Gehalte*[41], wobei

---

[38] *H. H. Esser,* Art. „Gesetz“, in: Theol. Begriffslexikon zum NT (hrsg. v. L. Coenen) I (Wuppertal 1967) 527.

[39] Vgl. dazu etwa *W. Schrage,* Die konkreten Einzelgebote (s. Anm. 13), bes. 187–210; *J. Gründel,* Ethik (s. Anm. 1) 69–87; *K. E. Løgstrup,* Das Proprium des christlichen Ethos, in: ZevE 11 (1967) 135–147; *F. Böckle,* Was ist das Proprium einer christlichen Ethik? in: ZevE 11 (1967) 148–159; *J. Fuchs,* Gibt es eine spezifisch christliche Moral?, in: StdZ 95 (1970) 99–112; *G. Ermecke,* Zur Christlichkeit und Geschichtlichkeit der „Moral in der Krise“, in: MüThZ 21 (1970) 297–312; *H. Weber,* Um das Proprium christlicher Ethik, in: TrThZ 81 (1972) 257–275 (illustriert am Beispiel der katholischen Gesellschaftslehre); *H. Rotter,* Die Eigenart der christlichen Ethik, in: StdZ 98 (1973) 407–416 (410: „Ethik ist immer geprägt von einer dazugehörigen Eschatologie“). Weitere Lit. zur Frage bei *F. Böckle,* Zur Aufgabenstellung einer fundamentalen Moraltheologie, in: Humanum (hrsg. von *J. Gründel; F. Rausch; V. Eid*) (Düsseldorf 1972) 17–46, bes. S. 28 Anm. 21.

[40] Vgl. die Fragestellung von *H. Urs von Balthasar,* Merkmale des Christlichen, in: Verbum Caro (Einsiedeln 1960) 172–194; vgl. ferner *F. Böckle,* Proprium (s. Anm. 39) ebd.

[41] Vgl. *J. Fuchs,* Der Absolutheitscharakter (s. Anm. 27) 224: „Die Handlungsnormen der Christen (sind) hinsichtlich ihres materiellen Inhaltes nicht *unterscheidend christliche Normen* ...“; dort in Anm. 22 andere Autoren dieser Meinung.

wir gut daran tun, vorerst nur den eigentümlichen Zentralgehalt, die „Mitte" der christlichen Forderung zu befragen.

Ob es infolge der Transzendierung des Menschen auf einen personalen Gott aufgrund von transzendental gewirkter Freiheit, darüber hinaus konkret durch Ausrichtung auf das Heilswerk des Gottessohnes und die eschatologische Zukunftserwartung zu neuartigen Gehalten kommt oder nur zu eindeutigen und vertieften Einsichten in die ethischen Gehalte[42], kann freilich nicht im Ver-

Solche nennt auch *W. Schrage,* Die konkreten Einzelgebote (s. Anm. 13) 200ff; vgl. ferner *F. Schlosser,* Moral braucht Normen (Offene Gemeinde 10) (Limburg 1970) 169ff; thematisch *A. Auer,* Autonome Moral und christlicher Glaube (Düsseldorf 1971) (Lit.); *B. Schüller,* Die Bedeutung des natürlichen Sittengesetzes für den Christen, in: Herausforderung und Kritik der Moraltheologie (Würzburg 1971) 105–130. Gegen die Aussage von *B. Schüller,* „Der Christ untersteht keinen anderen material-ethischen Weisungen als der Nichtchrist" opponiert *G. Ermecke,* Zur Christlichkeit (s. Anm. 39) 306: „Bloß inhaltlich ‚natürlich-sittliche' Normen annehmen hieße die Forderungen des Gnadenlebens übersehen, hieße in Naturalismus, Pelagianismus, Rationalismus verfallen." Die Frage ist differenzierend aufgearbeitet von *J. Fuchs,* Spezifische christliche Moral (s. Anm. 39): Das christliche Humanum ist inhaltlich-kategorial konkretisiert hin auf z.B. „die Person Christi, den in uns wirksamen Heiligen Geist, die christliche Gemeinde, die hierarchische Kirche, die Sakramente, die christliche Anthropologie" – was freilich alles – nach J. Fuchs – „menschliche Beziehungen" bleiben. Fuchs sieht, „daß auch das Christianum des christlichen Menschen sein partikuläres (kategoriales) Verhalten beeinflussen kann, vor allem durch eine christliche Motivation... und im Aufstieg zu religiösem und kultischem Leben" als Leben in der Gemeinschaft der Gläubigen und in religiös-kultischer Beziehung zu Gott. Vgl. auch *B. Schüller,* ebd. 112f.

[42] Die Frage ist von *W. Schrage,* Die konkreten Einzelgebote (s. Anm. 13) 201–211 (ff) nicht prinzipiell genug gestellt. – Den Satz: „Das Neue Testament bietet zunächst keine neuen spezifisch christlichen materiellen Weisungen" ergänzt *J. Gründel,* Ethik (s. Anm. 1) 30f, durch den Hinweis auf die von der neuen Zielsetzung her inaugurierte neue Einsichtigkeit: „Die Gedanken einer Kreuzestheologie, einer Nachfolge des Herrn unter Hintanstellung aller persönlichen, familiären Bindungen, die sogenannten evangelischen Räte der Armut, Jungfräulichkeit und des Gehorsams, die Forderung jedes Gewaltverzichts, einer unbegrenzten, bis zur Hingabe des Lebens bereiten Nächstenliebe werden sich von einer rein natürlichen Ethik her in ihrem letzten Sinngehalt nicht erschließen lassen" (vgl. *ders.,* ebd. 73). Vgl. auch *F. Böckle,* Aufgabenstellung (s. Anm. 39) 34f, der besonders auf die Botschaft von Gottes versöhnender Liebe verweist. Weiter geht *B. Stoeckle,* Autonome Moral, in: StdZ 98 (1973) 723–735, spez. 735: „Christliches Ethos, weil im Glauben an den Gott verfügten Anfang und das ebenso Gott verfügte Ende des Menschen gegründet (d.h., weil bezogen auf Protologie und Eschatologie), lenkt den Blick auf sittliche Inhalte, die den Menschen aus sich entweder überhaupt nicht oder nur verschleiert oder ungenau deutlich

gleich mit einer rein humanen, innerweltlichen Ethik festgestellt werden[43], sondern müßte sich im Gespräch mit einer religiösen Ethik und durch Vergleich mit ethischen Systemen außerchristlicher Religionen zeigen[44], da der Mensch ja schon von Natur ein Wesen ist, das sich auf absolute Zukunft hin selbst übersteigt. Auf die Frage nach einem zentralen spezifischen Inhalt gibt es vor allem zwei mögliche Antworten:

(1.) Die Ausführungen der vorstehenden Seiten legen zunächst die – zu überprüfende – Annahme nahe, in der *„radikalen Forderung der Liebe"*, wie sie im Verhalten des Gottessohnes ansichtig wurde, sei „das Proprium des christlichen Ethos" zu finden[45]. Wenn wir nach dem spezifischen Gehalt des christlichen Ethos fragen, sind wir an die Liebe gewiesen, wie sie im Verhalten des Sohnes Gottes ansichtig wird: „Wer ... wissen will, was Liebe ist,

---

werden. Das betrifft insbesondere die ‚Kreuzesrealitäten', welche da sind: unbedingte Solidarität mit dem schwachen und ungeschützten Leben, Verzicht auf Gewalt, Hoffnung wider alle Hoffnung. Noch konkreter gesprochen: Forderungen wie: Ja zum Leben auch dort, wo es, menschlich betrachtet, seinen Sinn und Nutzen verloren hat (Euthanasie- und Suizidprobleme!), unbedingte Treue zur Last einer menschlich nicht gelungenen Ehe, Verzicht auf Absolutsetzung irdischer Daseinsentwürfe aus der Kraft eschatologischen Bewußtseins. Solche Forderungen sind auf der Basis autonomer Ethik nicht als evidente Postulate sichtbar zu machen."

[43] *W. Kerber,* Hermeneutik in der Moraltheologie, in: ThuPh 44 (1969) 42–66, speziell 55, will sein Urteil: „Es ist schwer, sittliche Gebote des Neuen Testamentes namhaft zu machen, die nicht auch als natürliches Sittengesetz wenigstens grundsätzlich erkennbar werden" – denn auch nur verstanden wissen im engeren Sinn der „moralischen Tugenden" (ebd. Anm. 60). Freilich muß man *J. Fuchs,* Spezifische christliche Moral (s. Anm. 39) zustimmen: Es sind „die Aussagen der Schrift über die partikulären, kategorialen Verhaltensweisen in den verschiedenen Lebensbereichen (soziales Verhalten, Familien- und Ehemoral usw.) spärlicher und in ihrer Bedeutung und Tragweite für die verschiedenen geschichtlichen Perioden der Menschheit weniger deutlich".

[44] Die These von *F. Böckle,* Proprium (s. Anm. 39) 149: „Die Unterscheidung des Christlichen ist auf dem Weg eines religionsgeschichtlichen Vergleichs weder zu erwarten noch zu erbringen", gilt nur, wenn ein derartiger Vergleich (mit *K. Goldhammer* in: Fuldaer Hefte 16 [1966] 108f) formal eingeschränkt wird auf „das Gesetzes-, das Glaubens-, das Gnadenmotiv, das Motiv der Liebe und des Erbarmens, das des Eingottes, des Heilandes und Erlösers"; hier ist das spezifisch Christliche gewiß noch nicht zu finden.

[45] *F. Böckle,* Proprium (s. Anm. 39) 159; *ders.* in: Die Probe aufs Humane. Über die Normen sittlichen Verhaltens (Düsseldorf 1970), bes. 21f, betont dabei das Modell der Hingabe Christi. Vgl. auch *H. D. Wendland,* Ethik (s. Anm. 27) 59.

muß hinblicken auf das Beispiel des Herrn. In seiner Liebeshingabe an Gott für seine Brüder hat Christus die Menschheit mit Gott versöhnt und den Menschen jene Kraft gezeigt und zugleich eröffnet, in der die Welt umgestaltet und die Menschheit zu Friede und zu Ordnung geführt werden kann. Die Liebe ist eine weltschöpferische und weltordnende Kraft, indem sie nicht begehrt, sondern sich schenkt. Sie ist langmütig, sie ist gütig, sie sucht nicht das ihre – sie tut eigentlich all das, was... das, was man für gewöhnlich nicht tut."[46] Ist aber schon das gütige „Schenken", das, was „man" nicht tut, das, was das Humanum überschreitet? Übersteigt die Liebesforderung wirklich das Humanum schon seinem *Wesen* nach, und ist es zumal einer transzendentalen außerchristlichen Ethik gegenüber ein spezifisch neuer christlicher Gehalt? Die Radikalität der christlichen Liebesforderung, jedenfalls insofern sie die Forderung der Selbstaufgabe impliziert, übersteigt ohne Zweifel faktisch weitgehend die Möglichkeit des menschlichen Verhaltens; aber tut sie es auch grundsätzlich? Ist der Nachvollzug der Kreuzeserniedrigung Jesu nicht jeder wahren Liebe immanent? „Sollte die neutestamentliche Liebe, als ἀγάπη bezeichnet, den Durchbruch der Gegenseitigkeit im Auge haben, also die radikale Selbstverleugnung, bereit zum Kreuztragen für den Nächsten, so wäre die φιλία überschritten. Wir sind der Meinung, daß... mit der Forderung ‚totaler Nächstenliebe'... eine enorme Überforderung an den realen Menschen herantritt", meint H. van Oyen[47]. Sosehr man dem faktisch zustimmen muß, so wird doch die prinzipielle Sicht von J. Fuchs[48] richtig sein: „Gerade die Ein-

---

[46] *F. Böckle,* Proprium (s. Anm. 39) 159; *G. Schneider,* Die Neuheit der christlichen Nächstenliebe, in: TThZ 82 (1973) 257–275, hier 275: Eine „spezifisch christliche Forderung" soll „das Gebot der Feindesliebe seinem eigenen überbietenden Anspruch nach" (274) sein, die positive Goldene Regel... ein Novum christlicher Ethik" (274f), ein „neues Gebot", weil „nicht nur gefordert, sondern vor allem in der Tat Jesu motiviert" (vgl. Eph 5,1f). Das gilt wohl historisch-faktisch; aber auch wesenhaft-grundsätzlich?

[47] *H. van Oyen,* Ethik (s. Anm. 1) 134.

[48] *J. Fuchs,* Spezifische christliche Moral (s. Anm. 39) 107. Vgl. auch *H. Urs v. Balthasar,* der in: Gott begegnen in der heutigen Welt, in: Spiritus Creator (Einsiedeln 1967) 264–279, spez. 275, betont, daß die Überwindung des Egoismus noch durchaus im Rahmen der Natur bleibt, da diese „durchaus auch einschließen kann,

sicht in die Un-Menschlichkeit des Egoismus und in die Menschlichkeit der Liebe macht begreifen, daß die Überwindung des Egoismus in der Tat und darum das Kreuz für den ‚Menschen des Falls' eine Grundforderung echten Menschentums besagt." Ist damit unsere Frage nun aber gelöst? Von der Kreuzesbereitschaft her erhält die Liebe freilich dann noch keinen spezifisch christlichen Inhalt, wenn man diese mit „Überwindung des Eoismus" – wahrlich eine humane Forderung! – gleichsetzt. Aber meint die christliche Liebe nicht mehr – weil die Liebe Christi, wie Paulus sie (s. o. unter I, 2 und II, 1a) beschreibt, letztlich doch analogielos mehr meint? Es muß „in der Intention der christlichen Aussage die einmalige Liebe des einmaligen Gottes das maßgebende Modell (analogatum princeps) für jede von ihm bestimmte Liebe bleiben ... Immer wieder muß man die unendliche Isolierung ermessen, in die das ursprüngliche Christentum durch diese Gedanken von allen Theologien der Welt und damit auch allen Ethiken der Welt gestellt wird."[49] Gottes selbstlose Liebe hat zumindest ihre analogielose Einzigartigkeit, weil es „Überwindung des Egoismus" bis zu dieser göttlichen Selbstlosigkeit als humane Möglichkeit nicht nur faktisch, sondern auch wesenhaft nicht gibt.

(2.) Wenn man das Gesagte nicht akzeptieren will: Kann man vielleicht dann von einem spezifischen Gehalt der christlichen Ethik reden, wenn man solche sich selbst vergessende Liebe im *Streben nach Gleichförmigkeit mit dem Gekreuzigten* angesiedelt findet?

Wo es um Nachvollzug der Kenosis und Tapeinosis Christi geht, um das Leiden mit Christus und um Christi willen[50], könnte ein Spezifikum christlichen Verhaltens in den Blick kommen? Kreu-

daß das Individuum nötigenfalls (nach Vorbild der Tierstaaten) zugunsten des Gemeingutes geopfert werde und daß es edel sei, ein solches Opfer auch freiwillig zu vollziehen. Von hier aus zum christlichen Faktum gähnt ein Abgrund... 1 Jo 5,16."

[49] *H. Urs v. Balthasar*, Die Liebe zu Jesus Christus, in: Klarstellungen (Herderbücherei 393) (Freiburg i. Br. 1971) 46–52, hier 47f.

[50] *G. Ermecke*, Zur Christlichkeit (s. Anm. 39) 302 (gegen J. Fuchs): „Daß es... Werte gibt, die... erst im Glauben erkennbar sind, wie z. B. Sterben und Auferstehen mit Christus, wird oft zu wenig gesehen."

zesnachfolge als Nach- und Mitvollzug der Tapeinosis Christi, die „Zugesellung“ zum Gekreuzigten, ist ein eigenartiges personales, in der Christusgemeinschaft gründendes Verhalten, das innerhalb der wahrlich paradoxen Heilsveranstaltung Gottes paradox, aber doch in sich „wertig“ ist. Paulus möchte in solcher Weise Jesus „erkennen“, am Ende „die Kraft seiner Auferstehung“, zunächst aber „die Gemeinschaft seiner Leiden“; er will „seinem Tode gleichgestaltet werden“ (Phil 3,10; vgl. Röm 8,17). So ist ihm „das Sterben Gewinn“ (Phil 1,21), und er „rühmt sich im Kreuze unseres Herrn Jesus Christus“, in dem ihm „die Welt gekreuzigt ist“ und er „der Welt“ (Gal 6,14, vgl. 5,24). Er rühmt sich seiner „Schwachheit“ (2 Kor 4,7–18; 11,16–33; 12,7–19 u. sonst) und ist „froh in Schwachheiten, in Mißhandlungen, in Nöten, in Verfolgungen, in Ängsten um Christi willen“ (2 Kor 12,10; vgl. 6,4f). Seit Paulus *bietet sich* „die größere Hingabe“ mit Ignatius von Loyola (Geistliche Übungen Nr. 97) *an* – und die theologia experimentalis der Heiligen sowie die aszetische Theologie der Kirche formuliert traditionell so oder ähnlich gleichlautend durch die Jahrhunderte –, dem Gekreuzigten zugesellt zu werden und ihn „nachzuahmen in Ertragung jeglicher Unbilden, jeglicher Schmach und jeglicher Armut“ (Nr. 98). Sie kann sogar beteuern, „man *begehre, erbitte* und *erflehe*“, zur geistlichen und wirklichen Armut auserwählt zu werden (Nr. 157). Diese „größere Hingabe“ kann, „um Christus, unsern Herrn, mehr nachzuahmen und ihm in der Tat ähnlicher zu werden, eher mit dem armen Christus Armut *wollen* und *wünschen* als Reichtum, mit dem schmacherfüllten Christus Schmach als Ehre, und danach *verlangen,* für einfältig und töricht gehalten zu werden um Christi willen, der zunächst als solcher angesehen wurde, als für weise und klug in dieser Welt“ (Nr. 168) (wobei solche Äußerungen ungemein diskret im Gebetswort verborgen bleiben).

Kann man diese „Zugesellung“ grundsätzlich nicht auch noch zu den „menschlichen Beziehungen“[51] rechnen und als dem menschlichen personalen Verhalten in der Liebe an sich erreich-

[51] Vgl. *J. Fuchs,* oben in Anm. 41.

bar verstehen? Kann doch eine liebende, personale Freundschaft viel Leidvolles im Schicksal des Geliebten auf sich nehmen. Ob hier wirklich ein spezifisch christlicher Gehalt liegt? Vielleicht nur, wenn man dem unter (1.) Gesagten zustimmt und von daher auch die qualitative Andersartigkeit dieser „Zugesellung“ akzeptiert. Mag die Frage offenbleiben. Darüber jedoch sollte diskussionslos Einmütigkeit bestehen, und das sollte allmählich auch wieder stärker betont werden dürfen: Solches Streben nach Zugesellung und Verähnlichung mit dem Gekreuzigten ist, wenn nicht mit absoluter Sicherheit ein inhaltliches Spezifikum, so jedenfalls doch das gewiß tiefste Proprium christlichen Verhaltens. Dieses käme wieder stärker in den Blick, wenn die Moraltheologie nicht nur die – immer notwendige – Arbeitskameradschaft mit der philosophischen Ethik hätte, sondern auch mit der Theologie des geistlichen Lebens wieder eng befreundet wäre. Vor solcher eigentümlich christlichen Verhaltensweise wird alle philosophische Ethik – und damit auch die von ihr bestimmte moraltheologische Hermeneutik – praktisch die Waffen strecken – letztlich weil die „Torheit Gottes weiser ist als die Menschen und die Schwäche Gottes stärker als die Menschen“ (1 Kor 1,25).

Der Glaube an den Gott der Offenbarung, der sich in Menschwerdung und Tod auf den Menschen hin selbst „transzendiert“, ermöglicht „in Christus“ einen eigenartigen sittlichen Nachvollzug, den grundsätzlich[52] keine innerweltliche, den praktisch aber auch keine außerchristliche religiöse Ethik erreicht. Mag es dahingestellt bleiben, ob man die Forderung solcher Kreuzesnachfolge einen spezifischen materiellen Gehalt christlicher Ethik nennen kann – auf jeden Fall wird man in ihr eine dem Neuen Testament durchaus eigentümliche sittliche Verhaltensweise sehen müssen, ein Proprium sittlichen Verhaltens, das als Leiden

[52] Die Ausführungen von *W. Schrage,* Die konkreten Einzelgebote (s. Anm. 13) 204f, müssen ergänzt werden: Schon im Raum der alttestamentlichen Offenbarung kommt die Tapeinophrosynē in den Blick; vgl. *A. Heschel,* Die Prophetie [Krakau 1936]; *P. Kuhn,* Gottes Erniedrigung in der Theologie der Rabbinen (StANT 17) (München 1968). Aber zu einer Proprietät des ethischen Verhaltens wird diese erst in der liebend erstrebten Gleichförmigkeit mit dem Gekreuzigten.

mit Christus und um Christi willen ein in sich wertiges personales Verhalten ist – das dann in sich ausweitendem Ringen zunächst die Nächstenliebe[53] und das Gemeinschaftsleben[54] charakteristisch färbt, dann die in der Liebe ermöglichte und angeratene Armut, Jungfräulichkeit, die Selbstaufgabe des Gehorsams und des Gewaltverzichts (Lk 6, 29), das schließlich das ganze Verhalten des Christen beseelt, radikalisiert und charakteristisch formiert.

Wenn das christliche Verhalten, wo es wirklich realisiert wird, sich in charakteristischer Eigenart als ein „Proprium" von allem innerweltlich sowie transzendental-religiös bestimmtem ethischem Verhalten absetzt, wenn ferner auch theoretische christliche Moralsysteme trotz weitgehender Übereinstimmung in den sittlichen Gehalten mit humanen und außerchristlichen religiösen Systemen als Ganzheiten ein anderes Gesicht haben, dann liegt es letztlich an dieser christlichen Mitte: dem Nach- und Mitvollzug der liebenden Selbsterniedrigung des Sohnes Gottes in Menschwerdung und Tod in der Gleichförmigkeit mit Christus. Wie es eine „Mitte des Evangeliums" gibt, so auch eine „Mitte der sittlichen Weisungen": eben „das Gesetz des Christus".

---

[53] *R. Egenter,* Die Organtransplantation im Lichte der biblischen Ethik, in: Moral zwischen Anspruch und Verantwortung (Festschr. für W. Schöllgen) (Düsseldorf 1964) 142–153, zeigt am Beispiel der Erlaubtheit der Organtransplantation, daß eine natürliche Ethik keine Sicherheit erreicht in der Frage, ob der Mensch berechtigt ist – ob des gemeinsamen Besitzes des menschlichen Wesens –, die Lebensbedrohung des alter ego der Bedrohung des eigenen leiblichen Lebens gleichzusetzen. Das ist aber erlaubt „nach dem neuen übernatürlichen Seinsbestand des Ineinander von Christus, ego und alter ego, und nach dem neuen Gebot des Herrn" (150).

[54] Vgl. *G. Stählin,* „Um mitzusterben und mitzuleben". Bemerkungen 2 Kor 7, 3, in: Festschr. für H. Braun (s. Anm. 34a) 503–521.

Ausblick

Der proexistente Christus – die Mitte des Glaubens von morgen?

Eine theologische Meditation*

Keine Zeit hat je „den unergründlichen Reichtum Christi“ (Eph 3,8) auszuschöpfen vermocht, hat je erfaßt, was „die Breite und Länge und Höhe und Tiefe“ Christi ist, „die Liebe Christi, die alle Erkenntnis übersteigt“ (Eph 3,18f), seine „Fülle“ (Eph 1,23 u.s.). Um es mit einem Bild von Ida Friederike Görres zu sagen[1]: „Denk Dir einen Berg. Es braucht nicht der Montblanc sein – irgendeiner ... den Du gut kennst. Mit tausend Gesichtern ruht er in sich. Anders sieht ihn der Forstmann, der Maler, der Geograph, der Bergmann, der in ihn einfährt. Anders der Flieger, der wolkenhoch die ganze Landschaft in sich aufnimmt, anders die Bergbauern, die auf ihm wohnen ... Wer kann die ‚Sichten‘ gegeneinander ausspielen? Sie beschreiben doch alle die gleiche Wirklichkeit, die kein einzelner erfassen kann, die alle einander ergänzen, und aus ihnen baut sich das große Bild auf: DER BERG. Aber der Berg und sein bestes, umfassendstes Bild sind immer noch zweierlei. Ähnlich ergeht es uns mit unserm Christus-

*Erstmalig veröffentlicht in: Diakonia/Der Seelsorger 1 (1972) 147–160 (hier stark erweitert). – Es muß nicht eigens erwähnt werden, daß diese „theologische Meditation“ nicht den Anspruch erhebt, eine das „Wesen“ Christi auch nur halbwegs adäquat wiedergebende „Christologie“ zu skizzieren. Selbstverständlich müßte der Ansatz bei der proexistenten Staurologie auch die Auferstehung stärker reflektieren, als das hier geschehen konnte. Es wird nachstehend lediglich der Versuch einer „Hinführung“ vorgelegt, eine zeit- und situationsbedingte Akzentuierung, die diesem oder jenem vielleicht den christologischen Zugang erleichtern kann. – Verwandte oder andersartige christologische Entwürfe (s. u. Anm. 8) werden mehrfach zitiert, um eine gemeinsame Tendenz ans Licht zu heben – im Sinne des „Glaubens von morgen“. Auf Auseinandersetzungen wurde bewußt verzichtet.

[1] *I. F. Görres*, Zu unserem Christusbild, in: *dies.*, Im Winter wächst das Brot (Kriterien 19) (Einsiedeln ²1970) 9–30, hier 9ff 18.

bild... Die Wirklichkeit des Herrn ist so unerschöpflich, daß sie von keinem Individuum, keiner Gruppe, keiner Generation allein aufgefaßt und ausgesprochen werden kann." Jesus ist als der „Kommende" (Lk 7,19 u.s.) der, welcher der „Gekommene" ist, der als „Gekommener" noch weiterhin zu-kommende Zu-kunft hat. In diesem Dilemma von „Kommen" und „Gekommensein" enthüllt sich im Verlauf der Kirchengeschichte die „Fülle Christi" (Eph 1,23) – immer aber so, daß es speziell „die Liebe Christi" ist, „die alle Erkenntnis übersteigt", die je anders und immer neu erkannt wird. „Der Heilige Geist ist dem Volk Gottes gegeben worden, um unablässig Christus zu empfangen und ihn voranzutragen in das Noch-nie-Dagewesene der Geschichte hinein", formuliert Yves Congar[2].

Das Vatikanische Konzil hat uns gewiesen, verantwortlicher auf die „Zeichen der Zeit" zu achten (Kirche in der Welt 40 44 62; Priesterausbildung 16; vom Dienst und Leben der Priester 19). Die Gegenwart ist also in gewissem Sinn eine theologische Erkenntnisquelle (ein locus theologicus) – wenn es nämlich darum geht, die (abgeschlossene) eschatologische Christusoffenbarung zu „enthüllen", „den Sohn", in dem „Gott am Ende dieser Tage zu uns gesprochen hat" (Hebr 1,2), ihn, der ja „das Wort" Gottes schlechthin ist (vgl. Joh 1,1–18). Von der Weltstunde her kann es jeweils eine vertiefte Christuserkenntnis geben – in jeder Epoche anders und neuartig. Ist doch nach der genannten Pastoralkonstitution des Vaticanum II (22,5; 26,4; 38; 41,1) „der Heilige Geist in der Geschichte der Welt am Werk"[3]. Der Gedanke ist geweitet von W. Kasper[4]. Er versteht auch die „Welt"

---

2 *Y. Congar,* Die Geschichte der Kirche als „locus theologicus", in: Conc 6 (1970) 496–501, hier 499.

3 *Y. Congar,* Geschichte (s. Anm. 2) 500.

4 *W. Kasper,* Die Welt als Ort des Evangeliums, in: *W. Kasper,* Glaube und Geschichte (Mainz 1970) 209–223, hier 222; vgl. *ders.,* in: *A. Schilson – W. Kasper,* Christologie im Präsens. Kritische Sichtung neuerer Entwürfe (Freiburg i.Br. 1974) 157f, speziell christologisch 139–146: Von der „konkreten geschichtlichen Situation des Menschen haben wir auszugehen, wenn wir den Glauben an Jesus Christus in einer heute verständlichen Weise darlegen wollen" (143) – „auch wenn sie (die Christologie) nicht *aus* den Bedürfnissen des Menschen oder der Gesellschaft abgeleitet werden kann" (139).

– über Melchior Cano hinaus – als locus theologicus: Da „das Evangelium … nicht nur eine vergangene historische, sondern ebenso eine gegenwärtige und in die Zukunft hinein offene Größe darstellt", entsteht „das Evangelium … in der jeweiligen Situation gewissermaßen schöpferisch neu". Es gibt also ein „Heutigwerden" des Christusglaubens.

Das Heute aber ist immer der Schnittpunkt zwischen Gestern und Morgen, Vergangenheit und Zukunft. Auch und gerade Christus kann nur im „Heute" aus Vergangenheit und Zukunft verstanden werden, weil er ja „das A und O, der Erste und der Letzte, der Anfang und das Ende" ist (Offb 22, 13). Erst nachdem wir in einem I. Teil („Rückblick") unser heuristisches Prinzip an der Vergangenheit abgelesen und illustriert haben, werden wir im II. Teil („Ausblick") wagen dürfen, eine Prognose über das Christusbild von morgen zu stellen.

I. RÜCKBLICK

Die Christusbotschaft wird jeweils im „Heute" in neuer Weise verständlich, da Christus jeder Zeit nahe ist und sein Licht gibt. Wenn wir nun in aller Kürze die Entfaltung der Christuserkenntnis illustrieren wollen, muß eine Unterscheidung angebracht werden: In der „werdenden Kirche" (die noch Offenbarungsempfängerin war) gibt es eine „Offenbarungsgeschichte". Davon muß abgehoben werden die „Erkenntnisgeschichte" Christi in der „gewordenen Kirche" (die auf die abgeschlossene Christusoffenbarung zurückschauen muß).

A. Die im Neuen Testament bezeugte Offenbarungsentfaltung der „Fülle Christi"

Wir können hier nur – fast unerlaubt schematisierend[5] – einige markante Entfaltungsstufen vor Augen stellen, eigentlich nur, um die – oben einleitend bereits angedeuteten – Gesetzmäßigkeiten zu erkennen, die die Entfaltung bestimmen.

„Die Breite und Länge und Höhe und Tiefe" Christi (Eph 3,18) entfaltet sich im neutestamentlichen Zeitalter – also in wenigen Jahrzehnten – in einem Ausmaß, das einer „pneumatischen Explosion" gleicht[6]. Theologisch müssen wir dieser Entfaltung noch Offenbarungscharakter zusprechen.

In den Osterbegegnungen erscheint der Auferstandene als der „Erhöhte" und als solcher „Gegenwärtige". Das dürfte die österliche Urerfahrung sein, wie Wilhelm Thüsing[7] überzeugend dargelegt hat. Diese Urerfahrung aber entfaltet sich je nach Situation und Stunde:

---

[5] Die folgenden Ausführungen wollen in keiner Weise die Anfänge und die frühe Entfaltungsgeschichte der Christologie darstellen; zur Problematik vgl. besonders *R. Schnackenburg,* Christologie des Neuen Testaments, in: Mysterium Salutis III/1 (hrsg. von J. Feiner u. M. Löhrer) (Einsiedeln 1970) 227–388; vgl. auch *J. Gnilka,* Jesus Christus nach frühen Zeugnissen des Glaubens, München 1970 (= Leipzig 1972); *F. J. Schierse,* Christologie – Neutestamentliche Aspekte, in: *ders.* (Hrsg.), Jesus von Nazareth (Mainz 1972) 135–155.

[6] *M. Hengel,* Christologie und neutestamentliche Chronologie, in: Neues Testament und Geschichte (Festschr. für O. Cullmann zum 70. Geburtstag) (Zürich – Tübingen 1972) 43–67, hier 63f: Die „Entstehung der urchristlichen Christologie... wird nur verständlich, wenn man den zweifachen Ausgangspunkt der Entstehung des Urchristentums gebührend in Rechnung zieht: a) Die Wirksamkeit Jesu, deren ungeheure Wirkung auf die Jünger und darüber hinaus auf breitere Kreise des Volkes sowohl in Galiläa wie in Judäa wir uns heute kaum mehr vorstellen können. Sie kann nur mit dem Begriff ‚messianisch' zureichend umschrieben werden. – b) Aufeinanderfolge der Katastrophe der Kreuzigung Jesu als messianischer Aufrührer und der radikalen Wendung durch die Auferstehungserscheinung. Dieses komplexe Geschehen löste einen *einzigartigen ‚dynamisch-schöpferischen Impuls'* aus, der sich in dem Zusammenschluß zur endzeitlichen Heilsgemeinde, der Erfahrung des Geistes, der missionarischen Sendung durch den Auferstandenen und nicht zuletzt in der christologischen Reflexion äußerte."

[7] *W. Thüsing,* Erhöhungsvorstellung und Parusieerwartung in der ältesten nachösterlichen Christologie (StBSt 42) (Stuttgart o.J. [1969?]).

1. Es ist verständlich, wenn palästinensische Judenchristen diesen „Erhöhten" als den bald kommenden „Retter" und „Christus" (Lk 2,11) erhofften, als den König aus dem Hause Davids (Röm 1,3; Lk 1,32), der dann „herrschen" würde „über das Haus Jakob in Ewigkeit, und seiner Herrschaft wird kein Ende sein" (Lk 1,33). Sie verstanden den Erhöhten als das „Horn des Heils" (der Rettung), aufgerichtet „im Hause Davids" (Lk 1,69).

Dieser „Retter" wird freilich von Anfang an erwartet – weiß doch der Osterglaube um seine „Erhöhung"! – als „Aufgang aus der Höhe" (Lk 1,78), vom Himmel her. Von dort mußte man ihn herabrufen: „Marana tha – Unser Herr, komm!" (1 Kor 16,22; vgl. Offb 22,20). – Das Heil, das dieser „Messias" bringt, wendet die Not, aus der man zu ihm ruft, speziell und zunächst für das unter dem Römerjoch seufzende Israel; Christen erhofften von *ihm* – anders als Zeloten und Sikarier – „Rettung von unseren Feinden und aus der Hand aller, die uns hassen" (Lk 1,71).

2. Schon sehr bald – vielleicht gar schon früher oder doch gleichzeitig – erfahren die palästinensischen Jünger Jesu – beeinflußt von der apokalyptisch gefärbten Gedankenwelt Jesu und der Umwelt – die Heilsmacht des erwarteten *„mar"* nicht mehr nur als eine politische, partikularistisch nur auf Israel bezogen. Sie rufen als *„mar"* den an, den sie als den *„Menschensohn"* erwarten. Als solcher wird er die Äonenwende bringen. Wenn dann bald die Schrecken der Endzeit und das Weltgericht kommen werden, kann man zu ihm „das Haupt erheben", weil von ihm her für die Christusgläubigen „die Erlösung naht" (Lk 21,27f). Glaubend sehen sie in ihm den „Sohn", den sie „aus dem Himmel erwarten – Jesus, den er (Gott) von den Toten erweckt hat, der uns von dem kommenden Zorne errettet", sagt stereotyp die Missionspredigt (1 Thess 1,10). – Weil in der spätjüdischen Apokalyptik das Unheil weltweit und geschichtlich universal verstanden wird, wird Jesus als Heilbringer entsprechend als der „Menschensohn" artikuliert, der das Weltgericht vollstreckt, der vor allem aber das Heil der neuen Welt sein wird.

3. Für die Christusbotschaft, die in die hellenistische Welt getragen wird, muß Jesus als der Heilbringer (sōtēr) anders verkün-

det werden. Der *„mar“* wird nun als der *„Kyrios“* verstanden in himmlischer Hoheit: „Wenn du mit deinem Munde bekennst: Jesus ist der Kyrios – und mit deinem Herzen glaubst, daß Gott ihn von den Toten erweckt hat, wirst du gerettet werden“ (Röm 10,9f), so reflektiert sich die Taufsituation. Vom Taufbekenntnis her bezeichnen sich die Christen als die, „welche den Namen des Herrn anrufen“ (Röm 10,13 u.s.). – Unter der pneumatischen Macht des Kyrios wissen sie sich machtvoll geschützt vor allen weltlichen und dämonischen Gefahren und Ängsten, die die damalige hellenistische Welt beunruhigten. Am Ende wird Jesus erkannt als der „Herr der Herren und König der Könige“ (Offb 17,14) – als mächtiger „Heiland“ aus den Gefahren, in die der Kaiserkult und die Staatsapotheose die junge Christenheit brachten in der Zeit des „Dominus ac Deus noster Domitianus“.

4. Im Lykostal in Kleinasien glaubten die Menschen sich bedrängt von allerlei kosmischen und geschichtlichen „Mächten und Gewalten“; eine frühe Gnosis braut sich anscheinend hier zusammen. Hier wird nun der Auferweckte verkündet als der, den Gott „zu seiner Rechten setzte in den epuranischen Räumen über alle Herrschaft, Gewalt, Macht und Herrentum“ (Eph 1,20f). Als das *„Haupt des Alls“*, als welches er auch „das Haupt der Kirche“ ist (vgl. Eph 1,22f). Unter seiner Macht wissen sich die Christen allen bösen Mächten enthoben, bereits mit ihm „mitinthronisiert in den epuranischen Räumen“ (Eph 2,6), wo ihr „Leben mit Christus in Gott verborgen“ ist (Kol 3,3). – Wieder hilft die Not der Stunde, die „Fülle Christi“ als Heil zu entbergen, diesmal in überkosmischer und übergeschichtlicher Dimension.

5. Wie in Syrien und Kleinasien die Gnosis, die Erkenntnis des unweltlichen, alles Naturhafte übersteigenden eigenen „Selbst“ mächtig wird und wie diese Erkenntnis nun als Heilsweg propagiert wird, verkündet der johanneische Kreis die Gnosis des *„Sohnes“* als *das* Leben schlechthin: „Das ist das ewige Leben, daß sie dich erkennen (‚von dir Gnosis haben‘), den allein wahren Gott, und den, den du gesandt hast, Jesus Christus“ (Joh 17,3). Das Bekenntnis dieser Christen, das „ewiges Leben“ gibt, lautet: „Wir haben geglaubt und erkannt (‚die Gnosis empfangen‘), daß

du der Sohn Gottes bist" (Joh 6,69). – Diese tiefe Christuserkenntnis gebiert die charakteristische „johanneische" Geistigkeit, die dann – besonders ostkirchlich – so geistmächtig Innenräume eröffnen sollte.

6. In den neunziger Jahren hatten die Christen noch die Schrecken der neronischen Bedrängnisse in Erinnerung, und bereits zitterten sie vor der sich anzeigenden domitianischen Verfolgung. Nun hielten sie Ausschau zum erhöhten „Herrn der Herren und König der Könige" (Offb 17,14). Dieser zeigte sich den bedrängten Christen jetzt als *„das Lamm wie geschlachtet"* (Offb 5,6f u.o.), welches aufgrund seines Todes die sieben Siegel des Weltenplanes Gottes zu erbrechen und das Heil Gottes zu bringen vermag. Das Heil kommt nicht vom römischen Imperium, dem Untier mit den sieben Köpfen und zehn Diademen (Offb 13,1–10), dem „gegeben wurde, Krieg mit den Heiligen zu führen", sondern paradoxerweise von dem „geschlachteten Lamm" auf dem Berge Sion (Offb 14,1–5). Dieses Schwachheitssymbol des „geschlachteten Lammes" wird nun zum machtvollen Kultsymbol.

Die vorstehenden sechs Beispiele haben unsere Grundthese bestätigt: „Der unergründliche Reichtum Christi" (Eph 3,8), die Christusoffenbarung, entfaltete sich (als Offenbarung), in dem Maße, in dem sie – in der Gründungszeit der Kirche – sach- und situationsgerecht in die jeweilige Welt und Weltstunde hinein als Heilsbotschaft verkündet wurde. In solcher „welthaften" Verkündigung zeigte der Herr selbst offenbarend sein Antlitz, immer jeweils neu und anders – immer aber als Heilbringer und Helfer.

B. Die Entfaltung der „überragenden Erkenntnis Christi" in der Kirchengeschichte

Die in der Zeit der „werdenden" Kirche noch „explosive" Christusoffenbarung wird in den Epochen der Kirchengeschichte immer tiefer gnoseologisch expliziert. „Die Urkirche war in vieler Hinsicht eine Knospe, unendliche Hervorbringungen bergend.

Doch erst der ausgewachsene Baum zeigt, ,was wirklich dabei herausgekommen ist', was also ,eigentlich drinsteckte'... Dies wird dort nicht verstanden, wo man uns hinter die ganze Entwicklung zurückschrauben und nochmals auf den trockenen Apfelkern festlegen möchte, den einige Theologen als den ,Glauben der Apostel' herauspräparieren zu können meinen... Auch der Glaube der Apostel war erst ein Anfang. Alles steckte drin, doch noch unerschlossen... Jener Entwicklungsprozeß ist zwar teilweise nach rückwärts zu überschauen, doch nicht wieder aufzuspulen. Er ist unumkehrbar und unwiderruflich. Aber er ist auch noch nicht am Ende."[8] Auch hier können wir – alle Nachwirkungen und Umbildungen fortlassend – nur wenige Hinweise geben:

1. In den ersten Jahrhunderten mußte das Christentum auf Leben und Tod mit der Weltreligion der Gnosis ringen. Noch aus den Apsiden späterer Basiliken schaut uns der Erhöhte mit der Buchrolle in der Hand an, der als der *„Christos Didaskalos"*[9] das „Wort ewigen Lebens" (Joh 6,68) in die Gemeinde hineinspricht. Es ist besonders der lehrende Christus des Mattäusevangeliums, der die Christologie der ältesten Väterzeit bestimmt.

---

[8] *I. F. Görres,* Winter (s. Anm. 1) 18f. – Eine Darstellung der dogmengeschichtlichen und lehramtlichen Entfaltung der Christologie geben u.a. *J. Liébaert,* Christologie. Von der Apostolischen Zeit bis zum Konzil von Chalcedon (451), in: HDG III/1a (1965) 19–127, und *P. Smulders* in: Mysterium Salutis III/1 (s. Anm. 5) 351–476. – Einen Problembericht über Christologische Entwürfe in der Theologie der Gegenwart bieten *H. Tiefenbecher–A. Schilson,* Die Frage nach Jesus, dem Christus: HerKorr 26 (1972) 563–570; *W. Kasper,* Jesus im Streit der Meinungen, in: ThdG 16 (1973) 233–241; *ders.,* Einmaligkeit und Universalität Jesu Christi, in: ThdG 17 (1974) 1–11 (dort Anm. 1 weitere Lit.-Angaben); *Kl. Reinhardt,* Die Einzigartigkeit der Person Jesu Christi. Neue Entwürfe, in: IKZ 3 (1973) 206–224; *D. Wiederkehr,* Konfrontationen und Integrationen der Christologie, in: Theol. Berichte II (hrsg. v. J. Pfannmatter u. F. Fuger) (Zürich 1973) 11–119; *A. Schilson – W. Kasper,* Christologie (s. Anm. 4) (dort S. 152 weitere Lit.-Berichte). Weitere Lit. auch bei *H. Schützeichel,* Der Todesschrei Jesu, in: TThZ 83 (1974) 1–16, bes. 1, Anm. 4. – Zum Zeugnis der Kunstgeschichte vgl. *E. Dinkler – v. Schubert,* Art. „Christusbild", in: RGG (^{3}1957) 1789–98 (Lit.); *H. Paulus,* Art. „Christusbild", in: LThK I (^{2}1958) 1175ff; *P. Hinz,* Deus homo. Das Christusbild von seinen Ursprüngen bis zur Gegenwart, I: Das erste Jahrtausend (Berlin 1974).

[9] Vgl. das Buch von *F. Normann,* Christos Didaskalos. Die Vorstellung von Christus als Lehrer in der christlichen Literatur des 1. und 2. Jhdt. (Münster 1966).

2. In der ausgehenden Antike und dann in der Völkerwanderungszeit, in der die Kaisermacht im Westen zusammengebrochen ist und im Osten ohnmächtig, schauen die Christen auf zu dem weltentrückten *Allherrscher*, dem *Himmelskaiser*, als welcher er in numinoser Mächtigkeit geglaubt wird. Er sitzt in weltentrückter Transzendenz im Regiment; er kann aus solcher überlegenen Ferne in den Wirren der Zeit helfen.

3. Aus den Tympanen der romanischen Kirchen schaut uns Christus, thronend als der *Imperator*, dann recht erdennah an: Das Imperium und Sacerdotium ist ihm als die eine zusammengefügte Ordnungsmacht untertan. Es ist die Zeit, in der Dome mächtigen Gottesburgen gleichen und die Dorfkirchen oft Verteidigungsanlagen sind.

4. In der Zeit, da in Europa die Pest umgeht und die Kreuzzüge scheitern, findet das Volk – inspiriert besonders vom hl. Franz – den *Schmerzensmann* am Kreuz und auf dem Schoße der Pietà, aber auch das ohnmächtig-arme Kind in der Krippe, ihn, der immer schon alle Erdennot getragen hat und mitträgt.

5. Die letzte große gültige Ausprägung findet die Christuserkenntnis in der theologia crucis der Reformatoren[10], die allen weltlichen Humanismus und alle Renaissance-Herrlichkeit (und ihre humanisierten Christusbilder) durchstreicht und mit ihr alle Verweltlichung der Kirche – mag sich die Renaissance auch gegenreformatorisch noch so barock-triumphalistisch biegen und aufbäumen. In der Kenosistheologie der Orthodoxie und anders im Pietismus leben diese Ansätze weiter, und auf katholischer Seite bringt es die *Herz-Jesu-Frömmigkeit* noch einmal zu einer gültigen und wirkmächtigen Christuserkenntnis.

6. Danach kommt nur noch *die bilderlose*, „die schreckliche *Zeit*“, die nur mehr in Thorwaldsens Klassizismus, in Gärtnerromantik, Nazarenerkunst, bestenfalls in Beuroner Kunst und (recht verspätet forcierter ignatianischer) Christkönigs-Frömmigkeit mehr oder weniger schwache Christusbilder produzierte – ohne gelebte Kraft.

---

[10] Vgl. *W. v. Loewenich*, Luthers Theologia crucis (München 1929, ^{4}1954); *ders.*, Art. „Theologia crucis“, in: LThK X (^{2}1965) 60f (Lit.).

Dieser – gewiß sehr schematisch-vereinfachende und darum sehr problematische – kirchengeschichtliche Durchblick „ergibt... ein Röntgenbild der geheimen, der inneren Kirchengeschichte, die ja jeweils einen neuen Zug im Christus-Antlitz entdeckt und spiegelt und zu verkörpern sucht“ [11]. Der Durchblick bestätigt – und darum ging es uns – etwas Doppeltes:

Zunächst: Die (abgeschlossene) Christusoffenbarung expliziert sich gnoseologisch, wenn und in dem Maße Christus in die jeweilige Zeit und Welt situationsgerecht und wirklichkeitsgerecht hineinverkündet wird. Diese grundlegende Erkenntnis muß aber durch eine *zweite* ergänzt werden: Wenn die „Breite und Länge und Höhe und Tiefe“ Christi in der geschichtlichen Glaubenserkenntnis sich neu auftut, ist es speziell „die Liebe Christi, die alle Erkenntnis übersteigt“ (Eph 3,18f). Diese wird in immer neuen Dimensionen erkannt – zunächst gewiß nicht von engagierten Akteuren, nicht einmal von reflektierenden Theologen, vielmehr zuerst und zutiefst immer von Betern, die von Christus ihr Heil erwarten: die – aus der Not je ihrer Zeit – zu ihm rufen als dem rettenden Heilbringer, jeweils für diese ihre Zeit.

Mit Hilfe der zweifachen Gesetzlichkeit: der „Zeitgemäßheit“ und der „Not-Wendigkeit“, die wir sowohl in der „werdenden“ wie in der „gewordenen Kirche“ fanden, können wir nun wagen, uns „futurologisch“ zu versuchen, auch wenn wir uns damit keine prophetischen Gaben anmaßen dürfen.

II. AUSBLICK

Nicht nur von der Anamnese, auch von der Utopie, von einer Zukunftsschau her kann die Gegenwart kritisch gestaltet werden. Die Verkündigung darf nie nur ein Nachsprechen früherer Christuser-

[11] *I. F. Görres,* Winter (s. Anm. 1) 20. Vgl. *E. Dinkler – v. Schubert,* Christusbild (s. Anm. 8) 1970: Die Christusbilder der Jahrhunderte „spiegeln Wandlungen der Frömmigkeit“; sie treten „als wichtige historische Quelle neben Kirchen- und Dogmengeschichte“. Vgl. auch das Vorwort von *P. Hinz,* Christusbild (s. Anm. 8).

kenntnis sein, sie muß ein prophetisches Moment in sich haben, wenn sie die Gegenwart bewegen will. Wir müssen wissen, wie morgen Christus als das Heil der Welt gepredigt, geglaubt und gelebt werden muß, um ihn heute zeitgemäß und Not wendend predigen zu können. „Die Kirche, die pilgernde, erschaut" aber „in dieser Wegbiegung", die wir heute gehen, „Ihn wieder neu an Gestalt und Antlitz. Wie meist sind es Heilige und Seher – nicht theologische Fakultäten! –, die wie auf hohem Berg zuerst die Strahlen eines Aufgangs spüren. Wir erleben es doch heute ganz deutlich, wie Charles de Foucauld, Teilhard de Chardin bisher unbekannte oder stumme Aspekte Seiner Wirklichkeit mächtig ins Bewußtsein der Kirche rufen. Was für entgegengesetzte Pole und doch beide überzeugend und wie fruchtbar!"[12]

In unseren Tagen bieten sich besonders zwei Christusbilder an, für die die beiden genannten Namen in etwa charakterisierend stehen können. Aber müssen sie unbedingt gegensätzlich gesehen werden? Muß das Christusheil nicht existential und gesellschafts- bzw. kosmosbezogen zugleich gedacht werden? Wir wollen nunmehr beide Bilder – dem Gesagten zufolge – auf ihre „Zeitgemäßheit" einerseits, auf ihre „Not-Wendigkeit" andererseits hin befragen.

A. Der evolutive Christus als Konvergenzpunkt der Evolution

„Die Christologie innerhalb einer evolutiven Weltanschauung", so lautet der Titel eines Aufsatzes von K. Rahner[13].

1. Christus im evolutiven Welt- und Zukunftsbild

Die heutige Menschheit fühlt sich getragen von der Welle der Evolution und hofft an herrliche Ufer gespült zu werden. Wir können heute gar nicht anders als im Evolutionsschema denken. Das

---

[12] *I. F. Görres,* Winter (s. Anm. 1) 24.
[13] Aus dem Jahre 1961, in: SchrzTh V (1962) 183–221.

evolutive Christusbild hat einen gewissen biblischen Ansatz im kosmischen Christus, wie er etwa in dem Christushymnus Kol 1,15–20 (vgl. Eph 1,4.10; 4,9f; Hebr. 1,2f.10f; Joh 1,3.10), aber auch schon 1 Kor 8,6 und sonst im Neuen Testament vor Augen gemalt wird (obgleich „Äonenwechsel" dort etwas anderes ist als „Evolution" für uns Heutige). Dieses Bild ist für viele faszinierend, weil es die Möglichkeit bietet, alles Weltwissen und alles Glaubenswissen in einem Gesamtbild zusammenzufassen. Das evolutive Christusbild ist nicht aufgebbar, denn hier wird die „Breite und Länge und Höhe und Tiefe" (Eph 1,18) Christi ausgemessen in einer Weise, die unserer Weltsicht entspricht; und vor allem: hier fühlt sich der Mensch, der seine Welt und seine Zukunft selbst bauen will, mit seinem Willen zur Weltgestaltung, in all seinen futurologischen Utopien, sogar in seiner „Weltfrömmigkeit" verstanden, angenommen, bestätigt und ermutigt.

a) Von daher wirkt dann das Christusbild beglückend, das vielleicht am gültigsten Teilhard de Chardin[14] uns vor Augen gemalt hat: Die Evolution führt von der Kosmogenese über die Biogenese, Psychogenese, Noogenese zur Christogenese. K. Rahner hat diese Christologie von der Transzendentalphilosophie her unterfangen[15]: Aufgrund der transzendentalen Selbstmitteilung Gottes transzendiert die Materie zu immer höheren Entwicklungsstufen bis hinauf zu Christus, in dem Gott sich selbst irreversibel mitteilt. Christus ist so Prinzip (Alpha) sowie Ziel- und Konvergenzpunkt (Omega) der Evolution, wobei dieser „kosmische Christus" zugleich der „gesellschaftliche Christus" ist: Denn wo der erhöhte „Herr", der das „Pneuma" ist, sich auswirkt, da geschieht „Verwandlung" und entsteht ein Raum der „Freiheit" (vgl. 2 Kor

---

[14] Besonders: *P. Teilhard de Chardin,* Der Mensch im Kosmos (München ²1959); weitere christologische Beiträge des Autors sind genannt in: *A. Schilson – W. Kasper,* Christologie (s. Anm. 4) 157f (dort 72–80 eine kritische Darstellung von A. Schilson).

[15] Vgl. die oben (Anm. 13) und unten (Anm. 19) genannten Aufsätze, ferner *ders.*, Christologie im Rahmen des modernen Selbst- und Weltverständnisses, in: SchrzTh IX (1970) 227–241. Vgl. die kurze Darstellung der Christologie von K. Rahner, in: *A. Schilson – W. Kasper,* Christologie (s. Anm. 4) 80–89 (s. ebd. 158f die wichtigsten christologischen Arbeiten von K. Rahner).

3,17f). Die im Geiste Christi und durch die Liebe geeinte und befriedete Menschheit ist das letzte Ziel aller Evolutionspläne Gottes.

b) Freilich muß hier schon (s. näherhin unten) unmißverständlich gesagt werden: ein realistischer Blick kann nicht verkennen, daß vollkommene Liebe die Todeshingabe in sich hat und in dieser sündigen Welt nicht in der totalen Weise zu verwirklichen ist, die die anstehenden Menschheitsprobleme löst. Der „gesellschaftliche Christus", die neue Menschheit, ist erst jenseits der Todeslinie – in der neuen Welt Gottes – als communio sanctorum voll zu verwirklichen, so sehr die „Gemeinschaft der Heiligen" im irdischen Gottesvolk schon ihre Vorverwirklichung findet und finden soll.

2. Widersprüchlichkeiten und Divergenzen im evolutiven Welt- und Zukunftsbild

Die hiesige Wirklichkeit scheint – bildlich gesprochen – auf allen ihren Evolutionsstufen nur bestehen zu können, wenn sie in einer ungeheuer intensiven „Selbstbehauptung" sich an sich selbst festhält. Das scheint zum kontingenten Subsistieren zu gehören. Unglück, Leid und Tod, aber auch Kampf ums Dasein, Aggression, kollektive und individuelle Ichhaftigkeiten und letztlich die Sünde sind darin begründet.

a) Schon ein Blick in die *untermenschliche Schöpfung* lehrt das. Wenn wir weiterhin dilettantisch und bildhaft vereinfachend sprechen dürfen: Die *materielle Welt* ist bis in ihre letzten Bestandteile: bis in das Atom hinein, „ich-konzentriert" in einer ungeheuren Adhäsionskraft. Wir wissen seit einigen Jahrzehnten, welche ungeheuren Kräfte bei einer Kernspaltung frei werden. – Die *biologische Sphäre* baut sich auf der Zelle auf, die im Zellkern zentriert ist. – In der Welt der *psychischen Wesen* herrscht das Gesetz der Art- und Selbsterhaltung und damit der Kampf ums Dasein, das den Stärkeren vom Schwächeren leben läßt. Eine evolutive Höherentwicklung scheint es nur zu geben durch Vergehen und Tod hindurch, in dem schwächere und niedere Formen von den stärkeren und höheren verschlungen werden.

b) Das hier skizzierte Gesetz scheint in der *Menschheitsgeschichte* sich erst recht zu finden. Je mehr sich die Menschheit in unseren Tagen ihrer Probleme bewußt wird, desto mehr bekommt sie Angst vor sich selbst. Zukunftsoptimismus, futurologische Perspektiven und verheißende Utopien sind heute weithin eigenartig gemischt mit Weltangst und Zukunftssorgen.

Wir leben in einer epochalen Stunde der Menschheitsgeschichte, die nur recht äußerlich und abgeleitet als die Stunde der „technischen Revolution" bezeichnet wird. Tiefer verstanden, ist sie die Stunde einer noch nie gekannten Freisetzung des Menschen. Aber daß der Mensch seine Zukunftsmöglichkeiten erkennt und die Evolution selbst in die Hand nimmt, ist doch nur ein Aspekt unserer Situation. Die andere Seite ist die sich in unseren Tagen immer stärker aufdrängende Erkenntnis, daß der technische Fortschritt seine Gefahren und auch seine Grenzen hat [16].

Um nur einige Zukunftssorgen anzudeuten: H-Bomben kreisen über uns in der Luft und lauern auf dem Meeresgrund. Die Gefahr einer tiefgehenden *atomaren Zerstörung* der Erde und einer Vernichtung aller menschlichen Kultur muß als Möglichkeit nüchtern gesehen werden. – Die *Bevölkerungsexplosion*, die schon jetzt ein Drittel der Menschheit hungern läßt, wird fast notwendig weltweite Spannungen, Revolutionen und Kriege erzeugen. – Die *technische Revolution* vermag den Menschen psychologisch und biologisch bis in die Erbmasse hinein umzumanipulieren, so die von einer gütigen Natur prästabilisierte Harmonie des menschlichen Lebens aus dem Gleichgewicht bringend. – Hinzu kommt: der technische Fortschritt *„verschmutzt"* mit seinen Rückständen die Atmosphäre und die Gewässer, er droht die Erde zu verderben und ein men-

---

[16] Vgl. etwa die Reflexion von *J. Messner,* Alarmstufe des Fortschritts?, in: IKZ 1 (1972) 566–572, über den MIT-Bericht (Massachusetts Institut of Technology in Zusammenarbeit mit anderen internationalen bekannten Wissenschaftlern); vgl. *D. H. Meadows – D. L. Meadows – J. Randers – W. W. Berens,* Die Grenzen des Wachstums (Stuttgart 1972), die auf die fünf Gefahren der Menschheit hinweist: die Bevölkerungsbewegung, die Nahrungsmittelproduktion, die Rohstoffquellen, die Industrieproduktion und die Umweltverschmutzung. – *H. Busch,* Am Ende des industriellen Zeitalters, in: EvKomm 5 (1972) 457–60, vermerkt, daß die „nachindustrielle Gesellschaft" bereits beginnt und geplant werden will; vgl. auch *J. Millensdorfer,* Grenzen des Fortschritts – Aufgaben des Christentums, in: Wort und Wahrheit 98 (1973) 400–421; *K. Lorenz,* Die acht Todsünden der zivilisierten Menschheit (Serie Piper) (München [2]1973).

schenwürdiges Leben auf ihr zu verunmöglichen. – Der homo faber, der Mensch der technischen Revolution, der nur noch berechnender Verstand und planender Wille ist, fühlt sich nicht mehr wohl in seiner Haut: In den Urgründen des menschlichen Wesens regen sich wieder – wir brauchen nur auf die Jugend unserer Tage zu schauen – affektive, intuitive, religiöse Kräfte, und der homo ludens wird wieder ein Ideal. Freilich kann man nicht verkennen, daß diese Tiefenkräfte vielleicht nur mit „dämonischer" Gewalt die Schichten des Rationierens und des Voluntarismus im Einzelmenschen und in der Gesellschaft zu durchbrechen vermögen, was wiederum zu *kulturellem Chaos* führen kann. – Die Stunde scheint nicht mehr fern, in der die Menschheit ihre *metaphysische Orientierungslosigkeit* und den Hohlraum der Sinnfrage nicht mehr erträgt. Die „Gottesfinsternis" (M. Buber), der „Verlust Gottes" (Pascal), der „Tod Gottes" (von Luther über Hegel zu Nietzsche und bis zum heutigen Schlagwort), der „Fehl Gottes" (Heidegger), seine „Abwesenheit" nehmen dem Geist des Menschen zunehmend die Luft, die er zum Atmen benötigt. Die entsakralisierte, nicht mehr diaphane, dafür aber durch grausame Götzen und dämonische Sachzwänge beherrschte Welt wird zu einer Umwelt, in der sich nicht mehr menschenwürdig leben läßt.

Besorgniserregend ist vor allem aber die Erfahrung, daß der moralische Fortschritt mit dem epochalen technischen Fortschritt der Menschheit keineswegs Schritt hält. Die genannten Schwierigkeiten des industriellen Zeitalters scheinen ein Nährboden zu sein, auf dem individuelle und kollektive Ichhaftigkeiten, Aggressivitäten und ideologisierte Zwangssysteme bestens gedeihen. Der Mensch der Zukunft bedürfte einer unvorstellbaren moralischen Kraft, einer Selbst-losigkeit größten Ausmaßes, wenn er diese heraufkommenden Gefahren meistern wollte. Dazu bedürfte er einer übermenschlichen Einsicht, die mit Plan und System die Kräfte der Reaktion und der Aggression zu bändigen vermöchte, ohne dabei selbst aggressiv und gewalttätig zu werden. Die Menschheit weiß aus langer Erfahrung, daß der Teufel nicht mit Beelzebul ausgetrieben werden kann, daß es der Fluch der bösen Tat ist, Böses zu gebären, daß Druck Gegendruck erzeugt und daß Gewalt zerstört. Gewiß können wir uns heute keine christliche Nächstenliebe mehr denken, die nur individuelle Nachbarschaftshilfe ist, die nicht gesellschaftlich-weltweit plant und mit gesellschaftlichen Mitteln zielbewußt und tatkräftig arbeitet. Aber das kann letztlich doch nur gelingen, wenn eine weltweite Bemühung getragen ist von einer unvorstellbar tiefen Selbstlosigkeit, die sich in dieses Chaos hineinopfert. Nur eine Revolution der Liebe, die ein liebendes Martyrium wäre, könnte die Entwicklung der Menschheit weiterbringen – und das wohl nur durch den Opfertod hindurch. Wo aber sind solche Kräfte – in dem notwendigen extensiven und intensiven Ausmaß – zu sehen oder wenigstens zu erhoffen?

Der Blick in die Divergenzen der Evolution und die Widersprüche des gesellschaftlichen Lebens scheinen dem „evolutiven Christusbild" diametral zu widersprechen: Christus kann nicht als Prinzip und Konvergenzpunkt der Evolution und Menschheitsentwicklung gesehen werden, weil Evolution und Menschheitsentwicklung zu divergieren, nicht aber zu konvergieren scheinen. Aber gewiß sehen wir den „evolutiven Christus" auch nicht richtig, wenn wir ihn als widerspruchsloses Prinzip oder gar als Produkt einer konvergierenden Evolution von unten sehen. Wir müssen einen Neuansatz versuchen – einen radikalen Ansatz von oben und jenseits.

Es will zudem scheinen: der heutige Mensch fühlt sich beim „evolutiven Christus" nicht geborgen, nicht genügend in seiner Weltangst und Zukunftssorge angenommen. Er kann nicht aus der Tiefe derselben zum „kosmischen Christus" beten und rufen, zumal dieser mehr Prinzip der Evolution und deren Endgestalt als ein personaler „Heiland" und „Retter" ist[17]. Das zweite Gesetz, das wir oben im „Rückblick" fanden, kommt hier nicht recht zum Tragen: Christus bestätigt hier den Menschen als homo faber in seinem Weltgestaltungswillen, seiner Kraft und in seinem Zukunftsoptimismus, hilft ihm aber nicht in seiner abgründigen Angst und bedrängenden Not. So wird das evolutive Christusbild nicht mehr hergeben können als eine vage Horizontvorstellung. Es bietet einen geeigneten Radius, wenn eine andere Christus-

---

[17] Die Erwartung von *I. F. Görres,* Winter (s. Anm. 1) 24f, dürfte sich aus dem angedeuteten Grund kaum erfüllen: „Teilhards Gedanken scheinen erst ein Spielball der Intellektuellen zu sein, vielleicht erleben wir da auch noch überraschende Gemeinschaftsbildungen."

erfahrung, der „proexistente Christus", als die zentrierte Mitte deutlich wird. Schließlich ist ja – wir werden es noch sehen – das Engagement Gottes im Engagement Jesu Prinzip der Evolution[18] und von daher dann die „Proexistenz" Wesen und „Seele" des „evolutiven Christus"[19].

B. Der proexistente Christus als Prinzip der Gesellschaft und der kosmischen Evolution

Der Mensch der Zukunft bedürfte nicht nur einer übermenschlichen Einsicht und weltweiter gesellschaftlicher Mittel, sondern vor allem einer unvorstellbaren moralischen Kraft, einer Selbstlosigkeit größten Ausmaßes, wenn er diese heraufkommenden Gefahren meistern wollte. In dieser Not wird er Aufschau halten zu dem, der allein eine selbst-lose Proexistenz gelebt hat: Jesus Christus. Wir möchten die These, die im folgenden zu entfalten ist, im voraus sagen: Die Kräfte, die Evolution und Menschheits-

[18] Vgl. *R. Stalder,* Die Christuserfahrung des Ignatius von Loyola, in: IKZ 3 (1973) 239–250, bes. 243: „Im tiefsten Seinsgrund waltet Christus als das Brot der Welt, d.h.: als hingegebenes gottmenschliches Leben." „Christus ist … der allgemeine Lebensquell, aber so, daß er trotz seiner Universalität jedem einzelnen das ihm Zukommende mitteilt. Er ist ‚universale concretum' (Balthasar). Die ignatianische Christuserfahrung ist so gestaltet, daß Christus mit seinem Anwesen die absolut erfüllte Zukunft eines jeden Menschen sowie des ganzen Menschengeschlechts konstituiert" (ebd. 247f).

[19] *Kl. Reinhardt,* Einzigartigkeit (s. Anm. 8) 206–224. Reinhardt findet in den „neueren christologischen Entwürfen … vor allem drei Ansatzpunkte, von denen aus die heutige Theologie einen Zugang zum Verständnis Jesu sucht: die Erfahrung der menschlichen Existenz, die Erfahrung der Welt in ihrer universalen Entwicklung und die Erfahrung der Geschichte (vgl. *K. Rahner,* Auf der Suche nach Zugänlen zum Verständnis des gott-menschlichen Geheimnisses Jesu, in: Schriften zur Theologie X [Einsiedeln 1972] 209–214)". Vgl. auch *A. Schilson – W. Kasper,* Christologie (s. Anm. 4): „Die öffentliche Verantwortung des Glaubens" als eine gemeinsame Perspektive gegenwärtiger Christologie (25–30), „Christologie im universalen Rahmen" (71–114); vgl. ebd. bes. *W. Kasper* 139–146. – Wir möchten im vorliegenden Versuch den existentiellen mit dem gesellschaftlichen und kosmischen Aspekt zusammendenken, wobei freilich Horizontal- und Zentralaussagen unterschieden werden können. Trotz aller existentialen, personalistischen und transzendentalen Engführungen in heutigen christologischen Entwürfen ist die Zentrierung der Christologie auf die individuelle Heilsfrage nicht aufgebbar.

zukunft zur Konvergenz führen könnten, sind aufgespeichert im „proexistenten Christus“, in dem Gott für die Welt da ist. Im Engagement Jesu holt das Engagement Gottes die Welt heim – und das nicht ohne uns. Der proexistente Christus – das ist gewiß vorerst mehr eine Ahnung oder theologische Idee als ein Bild; aber diese Ahnung eröffnet Perspektiven. Wir wollen (1.) das „Bild“ des proexistenten Christus skizzenhaft hinstellen, indem wir es (2.) von seinem trinitarischen Hintergrund her und (3.) seine spirituelle Auswirkung erläutern.

1. Die Proexistenz Jesu

Wir fragen vordergründig (a) nicht nach dem „Wesen“ Christi, sondern nach seiner Existenz, die aber dann als Proexistenz sein „Wesen“ ist. (b) Hier ist die Christologie im Uransatz als Soteriologie, zugleich aber als soziologischer und evolutiver Effekt verstanden:

a) Von dieser Proexistenz Jesu muß freilich schon im Ansatz vertikal und horizontal erzählt werden, und eine „narrative“ [20] Theologie (J. B. Metz) wird mehr performativ machen können als eine systematische verstehend einzuholen vermag. Jesus war der „Mensch für die anderen“ [21], weil und indem er auf den „ganz Anderen“ hinlebte. Das hinwiederum ist nur verständlich, wenn *in der Liebe Jesu Gottes Liebe* angekommen ist, wenn uns in der Proexistenz Jesu der Immanuel (der „Gott mit uns“) begegnet.

α) Die Evangelien zeigen uns Jesus als den, der sich engagiert hat für die Armen und für die Sünder, der dieses sein Heilsangebot für diese engagiert durchgehalten hat bis in den Tod: „Dies ist mein Leib für euch“ – „in meinem Blut der neue Bund“ (1 Kor 11,25) [22]. Jesus ist der „Mensch für die anderen“, der sich als der

[20] Siehe dazu oben S. 8, Anm. 6.

[21] Wenn wir hier von Proexistenz reden, möchten wir das nicht im Sinne des Pro nobis des frühen D. Bonhoeffer verstehen, sondern im Sinne des „Pro aliis“ des späten D. Bonhoeffer; vgl. *E. Feil,* Die Theologie Dietrich Bonhoeffers. Hermeneutik – Christologie – Weltverständnis (München – Mainz ²1971) 209–213.

[22] Vgl. unsern obenstehenden Beitrag: Das Weiterleben der Sache Jesu im nachösterlichen Herrenmahl; s.o. S. 66–96.

„Christus traditus“ [23] im „Pro vobis“ (Lk 22, 19f), darüber hinaus „für die vielen“ (Mk 14, 24) selbst transzendiert und aufgegeben hat.

Einem billigen modischen Jesuanismus gegenüber muß betont werden: Ein derartiges wirklich selbst-loses Transzendieren auf den Nächsten hin ist anthropologisch nur möglich als Auswirkung und Folge eines sich selbstentäußernden Transzendierens auf Gott hin[24]. Jesus lebt zunächst auf den „ganz Anderen“ hin; er ist gehorsam hingebend in Gott hineingestorben, bevor er für die Menschen gestorben ist[25].

β) Tiefer noch: nur ein von Gott aus dem Mutterboden seines eigenen Selbst entwurzelter und herausgerissener Mensch kann so radikal „dahingegeben“ werden für das Heil der Welt. Jesu Proexistenz, sein Engagement ist in seiner horizontalen wie vertikalen Radikalität nur zu verstehen, wenn Gottes Engagement darin ansichtig wird. – „Kann man sagen“, fragt Klaus Reinhardt[26], „Jesus habe in der freiwilligen Annahme seines freiwilligen Sterbens den höchsten Beweis seiner Liebe zu den Menschen und seines Gehorsams gegenüber Gott gegeben? Ist diese Liebe wirklich verstehbar als eine letzte Steigerung menschlicher Liebe, oder kommt hier nicht vielmehr Gottes Liebe zum Vorschein, die ihr Maß nicht an der Welt hat, sondern einem göttlichen Gegenüber, dem sie von Ewigkeit her zugewandt ist?“ Jesu Proexistenz repräsentiert die Proexistenz Gottes. Um es mit den Worten von Walter Kasper zu sagen: Es ist „das Charakteristische am historischen Jesus, daß er seine Person in seine Sache mit einbezieht. Mit seinem Kommen ist die Gottesherrschaft selbst im Kommen. Er ist also seine Sache in Person. Person und Sache kommen bei ihm zu einer völligen Deckung. Das gilt jedoch nicht nur von Jesu

---

23 So der Titel des Buches von *W. Popkes*, Christus traditus (s. S. 12 Anm. 24).

24 Das betont mit viel Recht *R. Schäfer*, Jesus und der Gottesglaube (Tübingen 1970). Vgl. auch *H. Braun*, Spätjüdisch-häretischer und frühchristlicher Radikalismus I–II (Tübingen ²1958).

25 In solchem Transzendieren kann Jesus als die Aufgipfelung allen Menschseins verstanden werden; vgl. bes. *K. Rahner* in den o. Anm. 15 vermerkten Arbeiten.

26 *Kl. Reinhardt*, Einzigartigkeit (s. Anm. 8) 214.

Anspruch, sondern ebensosehr von seinem Verhalten. Er ist durch seinen Gehorsam und seine Hingabe ganz ‚Hohlraum' für Gott und seine Liebe; eben in seiner menschlichen Freiheit ist er die Daseinsweise Gottes für die anderen (so u.a. K. Barth, H. Urs v. Balthasar, J. Ratzinger, W. Pannenberg). So ist er schon während seines irdischen Lebens implizit nicht nur der Verkündigende, sondern auch der Verkündigte ... Diese Identität von Person und Sache Jesu stellt das eigentliche proprium christianum dar." Es muß also gesehen werden: „Die rückhaltlose Hinwendung Jesu zu Gott setzt ... die Hinwendung und Selbstmitteilung Gottes voraus. Das spätere Dogma von der Menschwerdung Gottes, von seinem Eingehen in unsere konkrete Geschichte ist also die präzise Zusammenfassung dieser einen Geschichte Jesu, seines Lebens, seines Sterbens und seiner Auferstehung."[27]

Wenn wir oben sahen, daß die kontingente Welt nur in einer unendlichen Selbstbehauptung subsistieren kann und in allen ihren Sphären – je höher, desto stärker – „ichhaft" um sich selbst kreist: in Jesus von Nazareth scheint uns ein Mensch zu begegnen, der anstelle des ichhaften Menschenherzens einen „Hohlraum" hat: einen Hohlraum, aus dem eine radikale und reaktionslose Liebe für Gott und den Nächsten strömt; das aber ist so, weil durch diesen „Hohlraum" die Liebe Gottes in die Welt strömt. So ist Jesus der wahrhaft „freie" Mensch, befreit von sich selbst und allen Daseinszwängen. So ist er die Daseinsweise Gottes für die Menschheit und den Kosmos. Nur weil Gott in Jesus „eingebrochen" ist, in einem ungeheuren „Abstieg" in ihm anwesend geworden ist, liebend in ihm Raum hat, ist in der Proexistenz Jesu die Proexistenz Gottes für die Menschen da, trifft uns im Engagement Jesu das Engagement Gottes.

Das hier entworfene Jesusbild ist freilich noch weniger als eine Strichskizze. Wir müssen es hier bei diesen Andeutungen belassen. Aber soviel darf gesagt werden: Wenn auch mit erheblichen Akzentverschiebungen, so ist dieses „proexistente Jesusbild"

---

[27] *W. Kasper,* Die Sache Jesu, Rechte und Grenzen eines Interpretationsversuches, in: HerKorr 26 (1972) 185–189, hier 188.

doch die Sehnsucht weiter Kreise; es ist zu finden bei engagierten „Jesuanern" wie bei einem introvertierten Jesus-People[28]. Es findet sich in der systematischen Theologie auf evangelischer Seite bei K. Barth[29], D. Bonhoeffer[30], W. Pannenberg[31]; auf katholischer Seite bei H. Urs v. Balthasar[32], J. Ratzinger und K. Rahner[33]. Aber es ist notwendig, in dieses Jesusbild die – schon angedeuteten – „christologischen" Konturen zu zeichnen und es – s. unten – vom trinitarischen Horizont her zu verstehen.

b) Ein Blick auf den proexistenten Jesus, auf den Jesus des Engagements, kann uns lehren, wie die *gesellschaftliche Kraft* aussehen müßte – und wo sie zu suchen ist –, die aus der menschlichen Gesellschaft mit ihren Antinomien in wahrhaft selbstloser Liebe einen sozialen Gemeinschaftsraum erstellen könnte. Es ist unmittelbar einsichtig, daß die selbstlose Proexistenz Jesu, sein sich selbst transzendierendes Engagement, in dem Gottes Engagement sich auswirkt, die Kraft sein könnte, nach der die Welt ruft.

α) Freilich würde nicht das moralische Vorbild des proexistent lebenden Jesus genügen, die Einheit der Menschheit als Ziel aller Evolutionspläne Gottes zu erstellen: Die Kraft des proexistenten Christus selbst, die Macht seines Engagements, müßte die Herzen der Menschen erfassen und umgestalten und damit die gesell-

---

[28] Siehe S. 10 Anm. 12 und Anm. 13.

[29] Vgl. bes. *H. U. v. Balthasar,* Karl Barth. Darstellung und Deutung seiner Theologie (^{2}1962) 210–259; ferner – im Vergleich bes. mit F. Gogarten, W. Marxsen und W. Pannenberg – vgl. *B. Klappert,* Die Auferweckung des Gekreuzigten. Der Ansatz der Christologie Karl Barths im Zusammenhang der Christologie der Gegenwart (Neukirchen – Vluyn 1971); vgl. die wichtigste Lit. bei *A. Schilson – W. Kasper,* Christologie (s. Anm. 4) 156.

[30] Vgl. *D. Bonhoeffer* (Hrsg. E. Bethge), Widerstand und Ergebung (Lizenzdr. der erweiterten Aufl. München 1970, Berlin 1972), bes. der „Entwurf einer Arbeit" vom 3. 8. 1944, 413–416, über das „Für-andere-da-Sein" Jesu als die Transzendenzerfahrung; ferner jetzt die systematische Darstellung der Christologie von D. Bonhoeffer durch *E. Feil,* Theologie (s. Anm. 20) 137–220, bes. 209–213.

[31] Zur Christologie von W. Pannenberg vgl. *A. Schilson* in: *A. Schilson – W. Kasper,* Christologie (s. Anm. 4) 90–100 (159f Lit.).

[32] Zu *H. Urs v. Balthasar* siehe die Darstellung von *A. Schilson* in: *A. Schilson – W. Kasper* (s. Anm. 4) 63–70 (Arbeiten von *Urs v. Balthasar* ebd. 157; vgl. auch u. Anm. 41, 42, 56, 65).

[33] Zu *K. Rahner* s.o. Anm. 15.

schaftlichen Institutionen umschmelzen zu einem „Sozialismus“, der dann nicht nur ein „humaner“ wäre, sondern darüber hinaus ein „pneumatischer“.

Dabei müssen wir – wie schon oben betont – Realisten bleiben; der Egoismus ist so tief im Menschenherzen angesiedelt und bestimmt so sehr all sein Tun und seine Institutionen, daß selbstloses Lieben praktisch Sterben heißt: Wahrhafte Proexistenz, das sich selbst überschreitende Engagement, gibt es nur durch den eigenen Tod hindurch. So ist auch das Engagement Jesu letztlich „flüssig“ geworden in seinem proexistenten Tod. Damit kann nun aber eine Gesellschaftsordnung entstehen, die aus dem Pneuma, der Kraft des Auferstandenen stammt. Dieser Gesellschaftsraum ist das eschatologische Gottesvolk im heiligen Geist, die Kirche. Diese soll eine „Bruderschaft“ in der Liebe und im Geiste Christi sein (vgl. 1 Petr 2, 17). Als Bruderschaft aber ist die Kirche „in Christus gleichsam Sakrament, d. h. Zeichen und Werkzeug für die innigste Vereinigung mit Gott wie für die Einheit der ganzen Menschheit“ (Vaticanum II, Kirche 1; vgl. Welt 42, 3). „Die Kraft nämlich, die die Kirche der menschlichen Gesellschaft heute mitzuteilen vermag, ist jener Glaube und jene Liebe, die sich in Tat und Wahrheit des Lebens auswirken ...“ (Welt 42, 3). Freilich: der bruderschaftliche Charakter des kirchlichen Lebens müßte mit viel Elan und in angestrengter Weise neue Aufgabe werden, wenn die Kirche der auf Einheit und Brüderlichkeit zustrebenden Welt als ein „Zeichen“ erscheinen soll[34].

β) In noch viel tieferem Sinn müssen wir Realisten bleiben. Aber schließlich gibt es nichts Realeres als „Realutopien“, die die Zukunft vorwegnehmen und so gesellschaftlich relevant werden. So eine Realutopie ist für uns Christen die pneumatisch in Christus geeinte Menschheit. Diese baut sich letztlich freilich erst jenseits der Todeslinie auf als „Gemeinschaft der Heiligen“, wenn dieses Sterben von den Kräften des selbsttranszendierenden Engagements Jesu, d. h. von seiner Gnade, getragen ist. So wächst jenseits der Todeslinie ein Christusraum: die in Gottes reinigender und

---

[34] Vgl. *H. Schürmann*, Kirche als offenes System, in: IKZ 1 (1972) 306–323.

beseligender Liebe geeinte Menschheit. Diese ist letztlich das Ziel aller Evolutionspläne Gottes, die neue Welt Gottes, die Welt des ewigen Lebens jenseits von Untergang und Tod. Der „proexistente Christus" wird so identisch mit dem „gesellschaftlichen" und „kosmischen" Christus, weil ersterer dessen Seele ist. Der „proexistente Christus" ist Prinzip, der „gesellschaftliche" und „kosmische Christus" Konvergenzpunkt der Evolution.

2. Der trinitarische Urgrund der Proexistenz Jesu

Wir sahen: im Engagement Jesu holt das Engagement Gottes die Welt heim. Im Sterben Jesu begegnen wir dem „Tod Gottes", in der Proexistenz Jesu dem „Gott mit uns". Im Verhalten und Schicksal Jesu, besonders in seinem Tod (und seiner Auferstehung), offenbart sich uns Gott ökonomisch als ein dreifaltiger Gott.

Wenn aber Gott selbst sich im Leben und Sterben Jesu (und in seiner Auferstehung) offenbart, wirft sich die Frage auf: Wer und wie ist Gott in sich, der sich uns in Jesus so proexistent und sym-pathisierend zeigt? Wenn Gott im Tode Jesu ansichtig wird, muß Gott so vorgestellt werden, daß er (b) mit dem Leid der Welt – das im Tode Jesu in besonderer Weise ansichtig wird und aufgipfelt – und (a) mit diesem Tod Jesu (und seiner Auferstehung) zusammengedacht werden kann.

a) Dabei ist freilich immer zu beachten: letztlich genügt der Blick von Jesus auf Gott nicht; letztlich wird *Jesus erst von Gott her verständlich*[35]. Mag das ein Zirkel sein; aber wenn die Theologie zur Christologie schrumpft, schrumpft die Christologie zum Jesuanismus.

---

[35] Vgl. dazu *Kl. Reinhardt,* Einzigartigkeit (s. Anm. 8) 223: „Aus dieser Einsicht heraus ist heute neben einer neuen Christologie ‚von unten' auch eine neue Christologie ‚von oben' entstanden, die beim Gottesverständnis ansetzt und zeigen will, daß Gott so dynamisch und lebendig ist, daß er wirklich Mensch werden, leiden und sterben kann, ohne sich selbst aufzugeben. (Einen Überblick über diese Versuche von K. Rahner, H. U. v. Balthasar, K. Barth, E. Jüngel u.a. gibt *H. Küng,* Menschwerdung Gottes [Freiburg i. Br. 1970] 647–670; vgl. 522–577 ... 622–631 631–646. Siehe ferner *Ph. Kaiser,* Die gottmenschliche Einigung in Christus als Problem der spekulativen Theologie seit der Scholastik [München 1968] 264–290 320–346; *J. Moltmann,* Der gekreuzigte Gott [München 1972])."

α) „Gott ist die Liebe" (1 Joh 4,8) und darum so frei, daß er sich liebend hingeben, sogar – wie jede Liebe – sich selbst „aufgeben" kann. „Der christliche Glaube bestimmt den Sinn von Sein als Liebe ... Das bedeutet eine Umwertung der gesamten antiken Metaphysik, wie man sie sich radikaler nicht denken kann. Nun ist nicht mehr wie bei Aristoteles die in sich ruhende und seiende Substanz das Höchste, sondern das, was für Aristoteles das schwächste Sein war, die Relation, das für-die-andern-Sein, die sich selbst wegschenkende Liebe."[36] Diese sym-pathische Liebe Gottes leuchtet uns endgültig auf im Verhalten des Sohnes Gottes, in seiner *Menschwerdung und im Kreuz*. Um es in der Terminologie des Japaners Kazoh Kitamori zu sagen[37]: „Der Schmerz Gottes ist der tiefste Hintergrund des geschichtlichen Jesus. Ohne diesen Hintergrund haben alle Lehren über Jesus keine Tiefe." Freilich muß man sein vorösterliches irdisches Dasein tief genug verstehen: „Das *Hereinkommen* Gottes in unsere Welt bedeutet bereits seinen Tod. Nicht erst der Tod bedeutet für Jesus den Schmerz Gottes, sondern bereits sein Geboren-Werden."[38] Also besteht unsere Aufgabe darin, die Tiefe der Liebe Christi als Schmerz Gottes zu begreifen. Gerade dieses Begreifen ist wahres Wissen und Weisheit und das Zeugnis einer Theologie, die der Verherrlichung Gottes dient."[39] Gott ist als die Liebe so sehr Hingabe, daß er, sich selbst „entleerend", „herabsteigen" kann[40] (vgl. Phil 2,6ff) bis zur Menschwerdung, ja bis in den Tod und bis in die Hölle unserer Sünde, wo der Vater den Sohn in die Gott-

---

[36] Vgl. *W. Kasper*, Einmaligkeit (s. Anm. 8) 10f.

[37] *K. Kitamori*, Theologie des Schmerzes Gottes (jap. 1943, [5]1958, deutsch Göttingen 1972) 32. Vgl. dazu kritisch *H. S. Takayanagi*, Christologie in der japanischen Theologie der Gegenwart, in: Theol. Berichte II (s. Anm. 8) 121–133.

[38] *Ders.*, ebd. 40.

[39] *Ders.*, ebd. 36.

[40] Die Selbsterniedrigung Gottes hat schon – in Konsequenz des Schöpfungsgedankens und des heilsgeschichtlichen Denkens des Alten Testaments (vgl. *A. Heschel*, Die Prophetie [Krakau 1936]; *U. Mauser*, Gottesbild und Menschwerdung [Tübingen 1971]) – die spätjüdische Theologie erkannt und durchdacht: vgl. *P. Kuhn*, Gottes Selbsterniedrigung in der Theologie der Rabbinen (StANT 17) (München 1968).

verlassenheit „dahingibt“ und sich dieser aus der Gottverlassenheit dem Vater „hingibt“.

Es geht Phil 2, 11, „wenigstens hintergründig, um die alles entscheidende Wende in der Sicht Gottes, die nicht primär ‚absolute Macht‘, sondern absolute ‚Liebe‘ ist, dessen Souveränität nicht im Festhalten des Eigenen, sondern in seiner Preisgabe sich kundtut, so daß diese Souveränität sich jenseits dessen ausbreitet, was sich innerweltlich als Macht und Ohnmacht gegenübersteht. Gottes Entäußerung (in der Menschwerdung) hat ihre ontische Möglichkeit in Gottes ewiger Entäußerung, seiner dreipersönlichen Hingabe.“ Voraussetzung dieses Verständnisses ist ein bestimmter Personenbegriff: von dieser Hingabe her „wird auch geschöpfliche Person nicht mehr primär als In-sich-Stehen zu beschreiben sein, sondern tiefer (falls sie nach Gottes Bild und Gleichnis geschaffen ist) als ‚Auf-sich-Zurückkommen (reflexio completa) aus dem je schon Entäußerten‘ und ‚Aus-sich-Herausstehen als sich hingebendes, auswortendes Innen‘.“[41] Freilich bedürfen solche Sätze einer Absicherung[42].

---

[41] Vgl. *H. Urs v. Balthasar,* Theologie der drei Tage (Einsiedeln 1969) 23 (= Mysterium paschale, in: Mysterium salutis. Grundriß heilsgeschichtlicher Dogmatik [hrsg. von *J. Feiner* und *M. Löhrer*] III/2 [Einsiedeln 1969] 133–362). – *H. Mühlen,* Die Veränderlichkeit Gottes als Horizont einer zukünftigen Christologie. Auf dem Wege zu einer Kreuzestheologie in Auseinandersetzung mit der altkirchlichen Christologie (Münster 1969) 31, formuliert (dem traditionellen Personenbegriff mehr angepaßt): „Das εἶναι Gottes, das Wesen seines Wesens, ist die Weggabe des Eigensten. Die formale Gleichheit der Weggabe zeigt sich nun allerdings in zwei völlig unterschiedlichen Weisen: Vom Vater ist in der Heiligen Schrift nicht gesagt, daß er sich selbst hingibt bzw. weggibt, sondern nur vom Sohn. An wen sollte auch der Vater sich selbst weggeben, an den Sohn etwa, oder an den Geist? Die Absurdität solcher Fragestellung zeigt, daß in der heilsökonomischen Abfolge der Paradosis nichts verändert werden darf, daß also der Vater der ursprunglose, nicht mehr hinterfragbare Ursprung der göttlichen Weggabe und der Sohn eben der *sich selbst* Weggebende ist.“ – Zu „Veränderlichkeit“, zu „Werden“ und „Leiden“ Gottes vgl. *J. Moltmann,* Gesichtspunkte (s. Anm. 49) 346, Anm. 1 u. 2 (dort Lit.); ferner *H. Schützeichel,* Todesschrei (s. Anm. 8) 15f (dort Anm. 68 weitere Lit.).

[42] Vgl. *H. Urs v. Balthasar,* Theologie (s. Anm. 41) 24: „Die Begriffe ‚Armut‘ und ‚Reichtum‘ werden dialektisch, was nun gerade nicht heißen soll, daß Gottes Wesen in sich (univok) ‚kenotisch‘ sei, daß also das göttliche Fundament der Möglichkeit der Kenose mit dieser selbst unter einem umfassenderen Begriff zusammengefaßt werden könnte – in dieser Richtung liegen manche Fehler der neueren Kenotiker –, wohl aber, daß – wie Hilarius auf seine Art zu zeigen versuchte – die göttliche ‚Macht‘ so beschaffen ist, daß sie in sich selbst den Raum zu einer Selbstentäußerung, wie sie die Menschwerdung und das Kreuz ist, bereitstellen und diese Entäußerung auch bis ins Äußerste durchhalten kann.“

In der Gottverlassenheit Jesu (Mk 15,34[43]) kostet Jesus nicht nur „den Verlust Gottes", den „Fehl Gottes", bis zur Neige aus – in ihm ereignet sich auch der „Tod Gottes" in der Kenosis und Tapeinosis der Liebe Gottes. Menschwerdung und Tod Jesu sind „die äußerste Gebärde Gottes": daß „Gott ... aus freier Liebe ... in das Gegenteil seiner selbst" geht, „indem er die Sünde und die Verlorenheit und damit die Gottverlassenheit seines Geschöpfes einholend in sich hineinnimmt ... Gott kann tot sein, ohne aufzuhören, das ewige Leben zu sein."[44]

Letztlich ist die Proexistenz Jesu also nur verständlich zu machen vom „Tode Gottes" her. Freilich dürfen wir diesen nicht von der – sehr uneinheitlichen – modischen „Tod-Gottes-Theologie" her verstehen[45]. Immerhin läßt der Tod Jesu Gott nicht unberührt, denn „Liebe" muß letztlich von daher gedacht werden: „So sehr hat Gott die Welt geliebt, daß er seinen eingeborenen Sohn dahingegeben hat" (Joh 3,16). Und von Röm 8,32 her kann man sagen: „Wenn er sein Eigenstes, seinen Sohn, nicht geschont hat, dann gilt dieses Sich-nicht-Schonen vom Vater selbst."[46] In diesem Sinne kann man singen:

---

[43] Vgl. Lit. zum Todesschrei Jesu bei *J. Gnilka,* „Mein Gott, mein Gott, warum hast du mich verlassen?" (Mk 15,34 par), in: BZ 3 (1959) 294–297; ferner bei *H. Schützeichel,* Todesschrei (s. Anm. 8) 1, Anm. 1 u.s.

[44] *H. Urs v. Balthasar,* Klarstellungen (Freiburg i.Br. 1971) 45; ausführlicher *ders.,* Theologie (s. Anm. 41) hier 19–23, ein Referat über die Geschichte des Kenotismus. Vgl. auch die Ausführungen (und die Lit.) über die „Kenotik" bei *H. Küng,* Menschwerdung Gottes (s. Anm. 35) und bei *J. Moltmann,* Der gekreuzigte Gott (s. Anm. 35), bes. 184–267, der deutlich von H. Urs v. Balthasar abhängig ist, dessen Ansatz er aber von der lutherischen Orthodoxie her vereinseitigt; s.u. Anm. 49.

[45] Vgl. den Bericht von *J. Bishop,* Die „Gott-ist-tot"-Theologie (Düsseldorf 1968); ferner *E. Jüngel,* Vom Tod des lebendigen Gottes. Ein Plakat (1968), in: *ders.,* Unterwegs zur Sache (München 1972) 105–125. Geschichtlich ausholend *H. Küng,* Menschwerdung Gottes (s. Anm. 35), bes. 207–222 622–670. Vgl. dazu die kritischen Ausführungen von *J. Moltmann,* Der gekreuzigte Gott (s. Anm. 35), bes. 184–192(ff). Vgl. abgesicherter *K. Rahner,* Der Tod Jesu als Tod Gottes, in: Sacramentum Mundi II (1968) 951–952: „Der Tod Jesu gehört zur *Selbstaussage* Gottes". Weitere Lit. bei *H. Schützeichel,* Todesschrei (s. Anm. 8) 2 Anm. 6 – *O. Bayer,* Tod Gottes und Herrenmahl: ZThK 70 (1973) 346–363, findet den „Sitz im Leben" für ein ursprüngliches – und legitimes – Reden vom „Tode Gottes" (mit Martin Luther und dem NT) im Herrenmahl.

[46] *H. Mühlen,* Veränderlichkeit (s. Anm. 41) 31.

„Und da man dich, Christus,
gekreuzigt hat,
ist Gott nun tot.
Kyrie, eleison.“[47]

β) Hinter der „ökonomischen Trinität“ im Heilsgeschehen wird das *innertrinitarische Leben Gottes* erkennbar: „Gottes Entäußerung (in Menschwerdung und Tod Jesu) hat ihre ontische Möglichkeit in Gottes ewiger Entäußerung seiner dreipersönlichen Hingabe.“[48] So ist der Tod Jesu als Heilsgeschehen letztlich nur vom intertrinitarischen Geschehen her verstehbar: als sich selbst entäußernde Liebe Gottes zum Sohn und des Sohnes zum Vater. „Der Vater... erleidet den Tod des Sohnes im Schmerz seiner Liebe... Da das Sterben des Sohnes etwas anderes ist als dieser Schmerz des Vaters, kann man nicht theopaschitisch vom Tod Gottes reden... *Der Vater* ist der Verlassende und der Hingebende, der Sohn ist der Verlassene durch den Vater und sich selbst Dahingebende. Aus dieser Geschichte geht der *Geist* der Hingabe und Liebe hervor, der verlassene Menschen aufrichtet.“[49]

So kann man mit H. Mühlen[50] formulieren: „Das Wesen des Wesens Gottes ist heilsgeschichtlich die Überlieferung bzw. Selbstüberlieferung. Hier zeigt sich wirklich das göttliche εἶναι als

---

[47] Hymnus zur Non, in: Neues Stundengebet 1 (Leipzig 1971) 23.

[48] *H. Urs v. Balthasar,* Theologie (s. Anm. 41) 23; *W. Kasper* in: *A. Schilson – W. Kasper,* Christologie (s. Anm. 4) 144ff. 146–151.

[49] So *J. Moltmann,* Der „gekreuzigte Gott“, in: Conc 8 (1972) 407–413, hier 411. Leider sind in dem oben in Anm. 35 genannten, sonst gleichbetitelten Buch die Anführungszeichen fortgeblieben; vgl. jedoch ebd. 102: „Jesu Tod kann nicht ‚als Tod Gottes‘ verstanden werden, sondern nur als Tod *in* Gott“; *ders.,* Gesichtspunkte der Kreuzestheologie heute, in: EvTh 33 (1973) 346–365, hier 395, meint „trinitarisch von einem Patricompassionismus reden“ zu dürfen. Vgl. ferner: *ders.,* Die Verwandlung des Leidens, in: EvKomm 5 (1972) 713–717. – Kritisch zu J. Moltmann: *W. Kasper,* Revolution im Gottesverständnis?, in: ThQ 153 (1973) 8–14; *H. Küng,* Die Religionen als Frage an die Theologie des Kreuzes, in: EvTh 33 (1973) 401–423. Weitere kritische Stimmen in: *H. Schmied,* Gotteslehre als trinitarische Kreuzestheologie, in: ThdG 16 (1973) 246–251. Vgl. die Antwort von J. Moltmann an W. Kasper: „Dialektik, die umschlägt in Identität“ – was ist das? Zu Befürchtungen W. Kaspers, in: ThQ 153 (1973) 346–350.

[50] *H. Mühlen,* Veränderlichkeit (s. Anm. 41) 33f.

ἀγάπη. Die *trinitarische* Struktur dieses Geschehens wird darin deutlich, daß der Vater der seinen Sohn Überliefernde ist, der Sohn der sich selbst Überliefernde und das Pneuma der im Vater und im Sohn streng identische *Vorgang* der *Überlieferung* selbst."

b) Sosehr die Selbstaufgabe Gottes letztlich nur trinitarisch gedacht werden kann und sich eigentlich äußert in Tod und Auferstehung Jesu – in gewissem Sinne schattet sie sich doch auch schon vor in der *Schöpfung:*

α) In der Schöpfung verantwortet Gott eine schöne[51], aber doch zugleich auch unvollkommene Welt mit Unglück, Leid und Tod[52], besonders dann in der Schöpfung freier Wesen, in der er potentiell sündig-widerspenstige, ihn selbst ablehnende Kreaturen duldet und – am Ende „am eigenen Leibe" – erduldet. Wenn der Atheismus – sei es der erleidende wie im Buddhismus, sei es ein kämpferischer wie im neuzeitlich-abendländischen Atheismus – eine gewisse philosophische und theologische Berechtigung hat, dann in der Schwierigkeit, einen vollkommenen Gott mit Leid und Sünde zusammenzudenken[53], den „a-pathischen" Gott der Griechen bis

---

[51] Vgl. *K. Kitamori,* Schmerz (s. Anm. 37) 36: „Die Lilien auf dem Felde und die Vögel unter dem Himmel (Mt 6,25ff) symbolisieren gewiß die im Schmerz begründete Liebe Gottes... Durch den Schmerz Gottes wird die unmittelbare Liebe Gottes wieder hergestellt und gelebt." Insofern wird „im Bereich der im Schmerz begründeten Liebe Gottes" nach Kitamori *„die Schönheit der Natur"* in ihrer Eigentümlichkeit erkannt, weil nach ihm die „Liebe Gottes, die den Zorn überwindet... der Schmerz Gottes" ist.

[52] Vgl. *E. Jüngel,* Tod (Stuttgart–Berlin 1971), bes. 138–144: Der Tod und Gott: „Was Aristoteles dem Sein Gottes ausdrücklich verbot, nämlich sich durch Liebe zu anderem von anderem bewegen zu lassen (und nun gar zum Leiden bewegen zu lassen), und was das Alte Testament wie selbstverständlich von Gott ausschloß (Anm. von mir: Vgl. dagegen *P. Stuhlmacher,* Das Bekenntnis zur Auferweckung Jesu von den Toten und die biblische Theologie, in: ZThK 70 [1973] 365–403), nämlich um die Toten bekümmert zu sein (und nun gar mit einem Toten identisch zu werden), das *muß* nach christlichem Verständnis behauptet werden, wenn wirklich und wahrhaftig von *Gott* die Rede sein soll." „Im *Erleiden* dieses Stachels, im *Ertragen* dieser gegen ihn gerichteten Negation hat Gott dem Tode die Macht genommen und sich damit allererst als Gott offenbart: Gott ist der den Menschen Liebende und deshalb für den Menschen Leidende. Der Mensch kann endlich leiden. Gott aber ist nicht etwa der, der gar nicht, sondern der, der *unendlich* leiden kann und um seiner *Liebe* willen unendlich leidet. *So* ist er Sieger über den Tod."

[53] Vgl. *L. Kolakowski,* Geist und Ungeist christlicher Traditionen (Stuttgart 1971)

hin zum teilnahmslosen außerweltlichen Gott des Deismus kann man freilich nicht mit Leid und Sünde zusammendenken[54]. Über diesen Gott der Philosophen führt schwerlich mehr ein Weg aus dem Atheismus und der Gottentfremdung unserer Tage zum „lebendigen Gott"[55] der Offenbarung. Nur der Gott, der *die* (dreifaltige) Liebe *ist*, kann den Atheismus überwinden, denn „glaubhaft ist nur Liebe"[56]. Aber der Gott, der 1 Joh 4,8 als *die* Liebe gedacht wird (und den keine Philosophie von sich aus so denken kann): als liebend sym-pathisierend, als „pathetisch"-mitleidend liebend, ist nicht mehr der „a-pathische" Gott der Griechen und am Ende des Deismus.

β) Bereits hinter der Schöpfung wird also die sich selbst entäußernde Liebe Gottes, die sich selbst erniedrigt und sich hineinwagt in das Nichts, andeutend sichtbar – die Liebe, die alle Divergenzen der Schöpfung, Leid und Sünde, in Kauf nimmt und – so können wir erahnen – sich am Ende als Lösegeld an sie verkaufen wird. Von daher können wir das Grundgesetz der Schöpfung zwar nicht verstehen, aber doch – als ein Gegenbild – wahrnehmen: daß alle evolutive Höherentwicklung durch den Tod hindurchgehen muß sein, und am Ende – in den personalen Wesen – mehr noch die sich selbst aufopfernde Liebe das Grundgesetz der Evolution ist. Von daher können wir vermuten, daß die liebende Selbstaufgabe Gottes in Christus Ursprung und Ziel sowie die treibende Kraft schon der Evolution ist, der „concursus divinus", der nicht eine statische, sondern die evolutive Schöpfung trägt.

Am Ende ist also das Engagement Gottes im Todesengagement und in der Auferstehung Jesu letztes Prinzip der Schöpfung und der Evolution. Der „proexistente Christus" macht in solcher Weise erst den „evolutiven Christus" verständlich.

25: „Erst [?] die Erkenntnis der Person Jesu enthält in sich die Notwendigkeit, die beiden Wahrheiten zusammenzubringen", nämlich: „daß Gott existiert und daß wir im Elend sind".

[54] Vgl. *J. Moltmann,* Der gekreuzigte Gott (s. Anm. 35), bes. 205–214 236–243.

[55] Vgl. schon *R. Guardini,* Vom lebendigen Gott (Mainz [5]1957).

[56] Vgl. *H. Urs v. Balthasar,* Glaubhaft ist nur Liebe (Einsiedeln 1963).

3. Die proexistente Glaubensfrömmigkeit als spirituelle Auswirkung

In dem epochalen Umbruch unserer Tage wird ein neues Christusbild geboren: der Jesus des Engagements, in dem uns das Engagement Gottes trifft, der proexistente Christus, in dem uns der „Gott-mit-uns" begegnet. Dieses Christusbild ist nicht nur eine Spiegelung der Tendenzen und Nöte der heraufkommenden Zeit; die sich wandelnden Christusbilder der Geschichte waren umgekehrt auch immer von großer geschichtsmächtiger und gesellschaftlicher Relevanz. So müssen wir nun zum Schluß fragen, welche spirituellen und gesellschaftlichen Auswirkungen ein Christusbezug hat, der vom Engagement Gottes in Jesus betroffen ist. Auch hier ist nur eine – notwendig recht hypothetische – Skizze möglich. Die Spiritualität und Lebensweise der Christen in der Zeit, in der „Gott verlorengegangen ist" (Pacal), wird (a) eine kontemplativ-existentielle sowie (b) eine aktiv-gesellschaftliche Seite haben.

a) Wen das Liebesengagement Gottes getroffen hat, wer in seinem Inneren betroffen ist über die „herabsteigende" und sich „entleerende" Liebe Gottes, die ihn in Christus sucht in Leid und Sünde, der ist im Engagement Gottes existentiell neu geschaffen. Je tiefer diese passive Getroffenheit ist, desto neuartiger wird die Existenz. Die Zeugen des Alten Bundes sagen oft: „Wer Gott schaut, stirbt." Die Zeugen des Neuen Bundes müßten sagen: Wer den „Tod Gottes" im Sterben Jesu sieht, müßte darin mitsterben. Oder um es mit den Worten von K. Kitamori[57] zu sagen: „Muß nicht ein Auge, das den Schmerz Gottes gesehen hat, erstarren? ... Ohne die Bereitschaft zum Tod kann man den Schmerz Gottes nicht sehen. Der Mensch muß dieses Wort vom ‚Schmerz Gottes' so aussprechen, als ob er es in seinem ganzen Leben nur einmal tun dürfte. Wer den Schmerz Gottes gesehen hat, hört auf, davon zu schwätzen. Wenn er danach dennoch redet, ist es aus Eifer für das Zeugnis. Weil der ‚Schmerz' gleichzeitig die ‚Liebe' ist, darf

[57] Vgl. *K. Kitamori,* Schmerz (s. Anm. 37) 169.

der, der den Schmerz Gottes gesehen hat, weiterleben, ohne zu sterben ..."

Die Betroffenheit vom Todesengagement Jesu wird meist eine bilderlos-dunkle Gestalt haben. Hier kann das persönliche Zeugnis von I. F. Görres [58] wohl charakteristisch für eine Epoche stehen: „Wir reden die ganze Zeit erst vom *Bild.* In Wirklichkeit geht es doch um Ihn selber, die Person, der uns ‚zu glauben vorgestellt' wird in allen Seinen Bildern ... ‚Vorstellen' – seit Jahrzehnten kann ich mir kein ‚inneres Bild' mehr von ihm machen, die meisten sichtbaren sind mir unerträglich, so schreiend drängt sich ihre Ungemäßheit meinem Bewußtsein auf." Der heutige Christ kann oft besser vor einer leeren Wand beten als vor einem Christusbild oder Kruzifix – wenn er noch nicht einen schmucklosen Tabernakel gefunden hat, vor dem er knien möchte. Aber der existentiell dem Glauben begegnende Christus ist eine ungeheure Realität: „Ich weiß doch, ich sehe, wie er rundum Menschen ruft, beruft, die Hand auf sie legt und sie einfach für sich mit Beschlag belegt – genau, ganz genau wie es im Evangelium heißt: ‚Er rief zu sich, die er wollte.' Und diese Menschen sind dann gebunden, an Händen und Füßen, so stark wie in einer Ehe, für nichts anderes mehr da als für Ihn. Es sind Millionen ..."

Gott wohnt nicht nur im Dunkel der Verlassenheit Jesu am Kreuz; dieses Dunkel kann auch Epochen der Kirchengeschichte füllen, bestimmt jedenfalls weithin das Heute der Kirche, unserer Gemeinden und vieler Gläubigen in der Nacht der Sinne und des Geistes. Die Situation der Kirche ist heute ähnlich der von 1 Kön 8,11f, als Salomon den neugebauten Tempel einweihen wollte: „Der Wolke wegen konnten die Priester nicht Dienst tun; denn die Herrlichkeit des Herrn erfüllte das Haus. Damals tat Salomon den Ausspruch: Der Herr hat erklärt, er würde im Dunkel wohnen." Wen der „verlassene Jesus" in dunklem Glauben berührt hat, der wird darin frei von allerlei Ideologien, frei aber auch von traditionellen „Christusbildern" und geprägten Spiritualitäten, die der Vergangenheit verpflichtet sind oder im Heute nicht mehr

---

[58] *I. F. Görres,* Winter (s. Anm. 1) 26f.

genügend offen sind für *den* Christusbezug, der die Spiritualität, Theologie und die kirchliche Struktur von morgen bestimmen wird. Wo die Bedrängnis der Kirche und das eigene Glaubensdunkel als Partizipation an der Verlassenheit des Herrn gelebt wird, da läßt Gott in dunklem Erdreich Keime aufsprossen, die morgen wachsen und blühen werden. Wenn Gott im Haus der Kirche das Licht löscht, dann doch nur, weil er im Dunkel das Haus neu – modern auf Zukunft hin – ummöblieren will. Das Dunkel will als Teilhabe an der Verlassenheit Jesu angenommen und bestanden werden[59].

Alles Philosophieren beginnt mit dem betroffenen Staunen. Aus dem Staunen über die Erniedrigung Gottes, die im Kreuze Jesu sichtbar wird, wird eine neue Frömmigkeitsgestalt geboren werden. Wir dürfen hier noch einmal K. Kitamori[60] zitieren: „Wir sind sehr betrübt darüber, daß die Botschaft vom Sterben des Sohnes Gottes am Kreuz kein Staunen mehr hervorruft. Und ist nicht gerade dies äußerst erstaunlich?... Nichts ist für Kirche und Theologie heute notwendiger, als dieses Staunen wiederzufinden. Um es jedoch wieder hervorrufen zu können, muß das Evangelium in einer neuen Weise gesagt werden.“[61]

Die Christen von morgen werden die proexistente Hingabe Christi existentiell bestehen und ausloten müssen:

> „Kommt, laßt uns die Finsternis
> singend bestehen,
> in der er hängt,
> auf daß wir darin
> die Sonne sehn,
> die uns umfängt.
> Kyrie, eleison.“[62]

---

[59] Vgl *H. Schürmann*, „Und Finsternis legte sich über das ganze Land...“ (Mk 15,31). Ein Rekollektionsvortrag über die Situation der Kirche heute, in: BuLit (1969) 145–149. [60] *K. Kitamori*, Schmerz (s. Anm. 37) 41.

[61] Vgl. dazu ferner K. Kitamori, Schmerz (s. Anm. 37) 149: „Die Theologie des Schmerzes konnte“ – und kann! – „nur betrieben werden, weil wir, die wir diese Wissenschaft betreiben, durch den *eigenen Schmerz* am Schmerz Gottes teilnehmen. Unser Schmerz beraubt uns aller Muße.“

[62] Vgl. Hymnus zur Non (Anm. 47).

Das ist die Verheißung: Die Christen von morgen werden mit Jesus in der Gottesfinsternis der Welt leben, aber darin „die Sonne sehn". Ihre Frömmigkeit wird eine kontemplative Kenosis-Frömmigkeit sein, die existentiell die Gottesfinsternis der Welt leidend durchsteht und siegend besteht.

b) Erst nachdem die kontemplative-existentielle Seite der Glaubensfrömmigkeit von morgen in solcher Weise ans Licht gehoben ist als existentielle Betroffenheit vom Engagement Gottes, darf auch die *aktive* Seite derselben herausgestellt werden, die in Jesu Engagement für uns ihr Modell hat: „Darin haben wir die Liebe erkannt, daß jener sein Leben für uns dahingegeben hat; so müssen auch wir unser Leben für die Brüder hingeben" (1 Joh 3,16). Der Christ von morgen wird die verlockend utopischen Aufgaben und die zugleich gefahrvoll abgründigen Möglichkeiten der Welt gewiß nur in einem letzten aktiven Engagement bestehen. Er kann sich da hineinwagen, da er sich im Glauben durch Christus und in Christus befreit weiß zur Selbstlosigkeit der Proexistenz Jesu. Solcher Glaube setzt instand, engagiert zu scheitern und scheiternd sich noch zu engagieren[63]. In wem das Engagement Gottes, der Tod Jesu den „Hohlraum" ausgebohrt hat, der für das Herz Jesu charakteristisch ist, durch den wird das Engagement Gottes in die Welt hineinströmen. Dieses Engagement wird immer ein solches „mitten in der Welt"[64] sein. Dort aber wird es den „letzten Platz" suchen[65], da es ja die herabsteigende und sich selbst entleerende Liebe Gottes ist, die sich im Engagement des Christen auswirkt. Solches Engagiertsein und Sich-Engagieren am

---

[63] Vgl. *H. Schürmann,* Der gesellschaftliche und gesellschaftskritische Dienst der Kirche und der Christen in einer säkularisierten Welt, in: *H. Peukert* (Hrsg.), Diskussion zur „politischen Theologie" (Mainz 1969) 145–161. – *J. Moltmann,* Der gekreuzigte Gott (s. Anm. 35) 306–312, versucht zu zeigen, wie die in der Proexistenz gewonnene Freiheit befähigt und engagiert, die Teufelskreise der Armut, der Gewalt, rassischer und kultureller Entfremdung, der industriellen Naturzerstörung sowie der Sinnlosigkeit und Gottverlassenheit zu durchbrechen.

[64] Vgl. den Titel des Buches über die kleinen Schwestern und Brüder Jesu von *R. Voillaume* (Freiburg i.Br. [4]1959).

[65] Vgl. den Titel des Bändchens der „Aufzeichnungen und Briefe" von *Ch. de Foucauld* (Sigillum 8) (Einsiedeln 1957).

letzten Platz[66] ist dann alles andere als selbstherrlicher Aktivismus, der industrielle und gesellschaftliche Luftschlösser baut, den Menschen aber nicht Wohnung und Brot gibt.

Die Christen von morgen werden bei dem Versuch, sich mit allen und jedem zu solidarisieren, weithin desavouiert sein, aber als Desavouierte werden sie sich immer noch mit allen und jedem solidarisch wissen. K. Kitamori vermerkt[67]. „Hier müssen wir immer sehr aufpassen, daß das Evangelium allezeit den Charakter des ‚draußen vor dem Tore' an sich trägt, auch wenn es realisiert wird (Hebr 13,12)... Die Realisierung des Evangeliums bedeutet nicht, daß es durch das Tor bis in die Mitte der Stadt hineingeht... die Theologie des Schmerzes Gottes darf niemals eine sogenannte ‚beherrschende' Theologie werden." Es gibt einen Sieg im Untergang, ein Triumphieren im Erleiden, das weiß der Glaube im Blick auf das Kreuz Christi. Manche Verfestigungen des Establishments können überhaupt nur besiegt werden durch geduldiges Erleiden. Als „Mitgenosse in der Drangsal und im Königtum und im Ausharren in Jesus" (Offb 1,9) steht der Christ dann schwach neben seinen schwachen Brüdern, mitmanipuliert bei den Manipulierten, entetabliert bei den vom Establishment Entetablierten – so aber den Sieg Christi in der Welt proklamierend. Das stärkste Engagement ist das Engagement der Märtyrer und der Armen.

Wer das Engagement Gottes in Jesus Christus mitleben will, entscheidet sich für ein Leben der Bedrängnis und Armut. Er entscheidet sich aber auch für die Bruderschaft der Kirche, die immer mehr weltweit eine bedrängte und arme Bruderschaft werden wird. Nur im inneren Ja zu den bedrängten und armen Brüdern kann der Christ sein Engagement leben. So heißt Engagiertsein im Engagement Gottes: ja sagen zur Kirche unserer Zeit in ihrer Bedrängnis und geistlichen Armut, so wie sie ist. In dieser Bedrängnis und Armut leuchtet uns das Bild Christi auf, der für uns gestorben und arm geworden ist.

Damit möchten wir unsere „theologische Meditation" *abschließen* und noch einmal herausstellen: Das evolutive Christus-

---

[66] Vgl. den Buchtitel von *H. Urs v. Balthasar,* Im Einsatz Gottes leben (Einsiedeln 1972).

[67] Vgl. *K. Kitamori,* Schmerz (s. Anm. 37) 150f.

bild wird nur insoweit die kommende Spiritualität bestimmen, wie seine „Seele" das proexistente Christusbild ist[68]. Dieses so geahnte Christusbild der Zukunft ist vielleicht darum nicht ganz unglaubwürdig, weil es der Christusoffenbarung des neutestamentlichen Zeitalters in ihrer Tiefe entspricht und weil es die Glaubensentfaltung der Kirchengeschichte (s. oben) gradlinig entfaltet. Das Leben im Engagement Gottes müßte immer mehr ein „Leben der Erfahrung" werden. Es werden Einzelerfahrungen eingebracht werden müssen, die gruppendynamisch werden können. Und es werden Gruppenerfahrungen gemacht werden müssen, die dem einzelnen ins Engagement Gottes verhelfen und ihn in ihm halten.

Das „Überragende der Erkenntnis Christi" (Eph 3, 8) ist weder im neutestamentlichen Zeitalter noch in zweitausend Jahren Kirchengeschichte in seinem ganzen Reichtum ausgeschöpft worden. Weil unsere Weltenstunde jedoch eine Breiten- und Längen-, eine Höhen- und Tiefen-Dimension hat wie vielleicht noch keine zuvor, gibt sie uns auch die Chance, „die Breite und Länge und Höhe und Tiefe" (Eph 3,18) der „Fülle Christi" (Eph 1,19) in einer neuen Dimension zu erfahren – falls Gott uns dessen würdig hält.

---

68 *Korrekturnachtrag:* Vgl. nunmehr auch dogmatisch erhellend *W. Breuning*, Aktive Proexistenz – Die Vermittlung Jesu durch Jesus selbst, in: TThZ 83 (1974) 193–213, hier 211f: „Wichtigste Aufgabe einer heutigen Christologie scheint mir . . . die Wiedergewinnung der Dimension zu sein, die Heinz Schürmann als die ‚aktive Proexistenz Jesu' bezeichnet (... Festschrift für J. Schmid [1973] 325–363 [s. o. S. 16–65] ... Die aktive Proexistenz ist ... wirklich das Kontinuum der Christologie, das aus der Lebenstat Jesu heraus den Tod zu seinem aktiven, heilwirkenden Tod macht. Das will ja das ‚für uns' sagen. Die aktive Proexistenz verbindet als Kontinuum auch das irdische Leben mit dem, was als Auferweckung begonnen hat und seitdem geschieht. Sie ist auch das Eschaton, das alle aktiv in sich hineinbezieht, indem sie uns in der Weise der Liebe aktiviert, wie wir es weiter oben beschrieben haben. Wenn wir unser jetziges Verhältnis zu Christus als Glauben bezeichnen, dann ist damit nichts anderes gemeint als die Aktivierung durch Jesu Proexistenz ... Bei ihm war das, was wir um seinetwillen bei uns unterscheiden müssen, Glaube und Liebe, ganz eins in der unauflöslichen Einheit seiner Proexistenz ‚für' Gott und (in einem darin gründenden Sinn des zweiten ‚für') für uns. Beide Male drückt das ‚Für' aber die eine Liebe aus ... Jesus war in seinem Kreuz nicht der Anlaß für Gottes paradoxes Gnadengericht, sondern Christi aktive Proexistenz als eine Gott und Menschen verbindende Tat ‚ist' der Erweis, daß ‚Gott Liebe ist', weil sie darin Ereignis geworden ist."

Ein richtungweisendes Werk der Forschung!

Orientierung an Jesus

Zur Theologie der Synoptiker
Für Josef Schmid
Herausgegeben von Paul Hoffmann in Zusammenarbeit mit Norbert Brox und Wilhelm Pesch

Mit Beiträgen von
N. Brox, J. Dupont, G. Friedrich, J. Gnilka, L. Goppelt, Ferd. Hahn, M. Hengel, P. Hoffmann, K. Kertelge, G. D. Kilpatrick, W. G. Kümmel, H. Merkel, F. Mußner, F. Neirynck, R. Pesch, W. Pesch, K. H. Schelkle, R. Schnackenburg, H. Schürmann, E. Schweizer, A. Vögtle, U. Wilckens.

22 namhafte katholische und evangelische Exegeten erörtern exemplarisch gegenwärtige Probleme der Synoptiker-Exegese: Die Rückfrage nach dem historischen Jesus; im Sinne einer traditionsgeschichtlichen Fragestellung die Entwicklung der frühen (vorsynoptischen) Theologie; die Unterscheidung von Tradition und Redaktion in den Evangelien, zugleich damit aber auch die präzisere Erfassung der „Theologie" der Evangelisten; interessiert an der Wirkungsgeschichte Jesu: die Auslegung der Jesuslogien in nachneutestamentlicher Zeit. Nach der Phase existentieller Interpretation gewinnen mehr und mehr wieder historische und religionsgeschichtliche Fragestellungen an Bedeutung. In diesem Sinne ist „Orientierung an Jesus" ein richtungweisender Forschungsbeitrag zur Theologie der Synoptiker.

432 Seiten, gebunden, ISBN 3-451-16579-1

Verlag Herder Freiburg · Basel · Wien

Beispielhaft für eine theologisch fundierte zeitgemäße Glaubensunterweisung

Rudolf Pesch / Herbert A. Zwergel

Kontinuität in Jesus

Zugänge zu Leben, Tod und Auferstehung

Ein Musterbeispiel der Vermittlung neuester exegetischer Erkenntnisse über die Bedeutung von Leben, Tod und Auferstehung Jesu für den konkreten Lebens- und Glaubensvollzug heute bietet Rudolf Pesch hier in einer meisterhaften, sowohl der theologischen Information als auch der Hinführung zur Meditation dienenden Auslegung einschlägiger Texte aus Paulus-Briefen. Wie der Verfasser den Leser teilnehmen läßt am Ringen des Apostels in entscheidenden Glaubensfragen, ist exemplarisch für eine theologisch fundierte zeitgemäße Glaubensunterweisung. Herbert A. Zwergel analysiert die Bedeutung von Leben und Tod Jesu in tiefenpsychologischer Sicht. Er zeigt, daß die Interpretation biblischer Texte auch nach den Methoden der Tiefenpsychologie einen Zugang zum Auferstehungsglauben ermöglicht.

120 Seiten, kart. lam., ISBN 3-451-16979-7

Verlag Herder Freiburg · Basel · Wien